KB062755

에머슨이 바라본 세상

에머슨이 바라본 세상

오늘을 살아가는 이들에게 가장 도움이 될 에머슨의 아포리즘

랠프 왈도 에머슨 지음 | 석필 편역

창해

에머슨의 지혜로 자신을 성찰하고 삶에 적극적으로 대처하기를!

랠프 왈도 에머슨은 미국의 사상가이자 시인으로, 지금도 세계인의 삶에 큰 영향을 끼치고 있다. 그는 자기 성찰과 자아를 중요하게 여기며, 주변 세계와 조화로운 삶을 추구할 것을 세계인에게 권장한다.

초월주의 운동의 중심인물이었던 에머슨은 개인의 무한한 잠재력과 자연의 본질적인 아름다움을 에세이, 강연, 시로 알려 왔다. 자립심과 개성, 자연, 그리고 사회와의 조화로운 관계를 존중하는 자세를 취해야 개인의 삶과 우리 사회가 긍정적일 수 있다는 것이 그의 핵심 메시지이다.

에머슨은 많은 글을 남겼는데, 그중에서 오늘을 살아가는 이들

에게 가장 도움이 될 것 같다고 판단되는 부분을 골라 번역해 소개한다.

상상도 하기 어려울 정도로 발전하는 문명, 그에 따른 사회와 문화의 변화 속에 우리의 어려움과 도전이 커지는 가운데, 에머슨의 지혜로 자신을 성찰하고 하루하루 마주하는 문제에 적극적으로 대처할 수 있기를 희망한다.

2024년 7월

편역자 석필

차례

편역자의 말 • 4

제1부
에머슨의 생애와 작품

영혼과 자연의 조화를 추구한 '콩코드의 현자'

01_어린 시절, 가족, 교육 • 12

02_젊은 시절 • 16

03_문학 경력과 초월주의 • 21

04_폴렌스비 호숫가의 철학자 캠프 • 31

05_남북전쟁 시기 • 34

06_말년과 죽음 • 37

07_생활 방식과 믿음 • 41

08_인종과 노예제도 • 43

09_유산과 평가 • 48

10_주요 작품 • 51

제2부

에머슨이 남긴 지혜

1장 _ 자신을 믿어라 • 56

2장 _ 자연의 부름 • 72

3장 _ 비상하는 길 • 96

4장 _ 가치 있는 삶 • 118

5장 _ 사회와 인간관계 • 142

6장 _ 성찰의 길 • 174

7장 _ 상상력과 창의성 • 204

Emerson

그는 시인의 삶을 살았고,

시인의 가장 감미로운 노래를 불렀다.

이제 영원한 안식처에서,

그의 이름은 오래 기억되리라.

그의 이름은 미래의 날까지 살 것이다.

밤의 등불이 되어

바른길을 찾는 이들에게

바른길로 인도하는 별처럼.

제 1 부

에머슨의 생애와 작품

영혼과 자연의 조화를 추구한 '콩코드의 현자'

랠프 왈도 에머슨(Ralph Waldo Emerson, 1803~1882)은 19세기 중반 초월주의 운동을 이끈 미국의 수필가, 강연가, 철학자, 노예제 폐지론자, 시인으로 지금까지 우리 영성(靈性)에 영향을 미치고 있는 인물이다. 그는 개인주의와 비판적 사고의 옹호자이자 사회의 압력과 순응에 대한 선견지명이 있는 비평가로 알려져 있다. 프리드리히 니체는 그를 "미국인 중 가장 재능 있는 사람"이라고 생각했고, 월트 휘트먼은 그를 '스승'이라고 불렀다.

에머슨은 점차 당대의 종교적, 사회적 신념에서 벗어나 1836년 에세이 〈자연(Nature)〉에서 초월주의(Transcendentalism) 철학을 정립했다. 그는 이 작품에 이어 1837년에 〈미국 학자(The American Scholar)〉라는 제목의 연설을 했는데, 미국의 시인, 의사, 평론가인 올리버 웬들 홈스 시니어(Oliver Wendell Holmes Sr)는 이를 미국의 '지적 독립 선언(intellectual Declaration of Independence)'으로 여겼다.

에머슨의 중요한 에세이 대부분은 먼저 강연을 하고 그 내용을 수정해 쓴 것이다. 에세이집 《에세이 : 첫 번째 시리즈(Essays : First Series)》(1841)와 그다음에 발표한 《에세이 : 두 번째 시리즈(Essays : Second Series)》(1844)는 그의 핵심 사상을 담고 있다는 평을 받는다. 유명한 에세이인 〈자기 신뢰(Self-Reliance)〉, 〈초월적 영혼(The Over-Soul)〉, 〈동심원들(Circles)〉, 〈시인(The Poet)〉, 〈경험(Experience)〉 등도 이 책들에 수록되어 있다. 그의 필력은 이러한 에세이를 쓴 1830년대 중반부터 1840년대 중반까지 가장 왕성했다.

에머슨은 특정 철학에 집착하지 않았다. 그는 자아를 찾는 것, 자유로워지는 것, 성취할 수 있다는 믿음의 중요성, 그리고 우리 내면과 자연의 관계 탐구 등 다양한 주제의 글을 썼다. 에머슨에게 '자연'은 자연주의적이기보다 철학적이었다.

"우주는 자연과 영혼으로 이루어져 있다."

이 말처럼 에머슨은 신이 세상과 분리되어 있다는 견해를 거부하고 세상을 범신론적으로 바라보았다.

그는 미국 낭만주의 운동의 핵심 인물 중 하나로 여러 사상가, 작가, 시인에게 큰 영향을 끼쳤다. 그는 "나는 모든 강의를 통해 개인의 무한성(無限性)이라는 한 가지 교리를 가르친다"고 썼다. 에머슨은 같은 초월주의자인 헨리 데이비드 소로(Henry David Thoreau)의 멘토이자 친구로도 잘 알려져 있다.

01

어린 시절, 가족, 교육

에머슨은 1803년 5월 25일 매사추세츠주 뉴베리에서 어머니인 루스 해스킨스(Ruth Haskins)와 유니테리언 목사인 아버지 윌리엄 에머슨(William Emerson) 사이에서 태어났다. 그의 이름은 외삼촌 랠프(Ralph)와 아버지의 증조할머니 레베카 왈도(Rebecca Waldo)의 이름을 따서 지어졌다. 랠프 왈도는 성인이 될 때까지 살아남은 다섯 아들 중 둘째로, 다른 아들들은 윌리엄(William), 에드워드(Edward), 로버트 벌클리(Robert Bulkeley), 찰스(Charles)였다. 다른 세 자녀, 피비(Phoebe), 존 클라크(John Clarke), 메리 캐롤라인(Mary Caroline)은 어렸을 때 세상을 떠났다.

에머슨 집안은 영국 식민지 초기에 영국에서 미국으로 건너와 뉴잉글랜드에 정착했다. 그는 메이플라워호를 타고 온 존 하울랜드(John Howland)와 엘리자베스 틸리(Elizabeth Tilley)의 7대 후손이었다.

에머슨의 아버지는 에머슨의 여덟 번째 생일을 2주 앞둔 1811년 5월 12일에 위암으로 사망했다. 에머슨은 어머니의 양육과 가족 내 다른 여성들의 도움으로 자랐는데, 특히 이모 메리 무디 에머슨(Mary Moody Emerson)은 그에게 큰 영향을 끼쳤다. 그녀는 1863년 사망할 때까지 에머슨과 꾸준히 서신을 주고받았다.

에머슨의 정식 학교 교육은 9세였던 1812년 보스턴 라틴어학교에서 시작되었다. 1817년 10월, 14세에 하버드대학교에 입학해 신입생 메신저로 임명되었다. 그는 무단결석하는 학생들을 학교로 데려오고 교수진에게 연락하는 역할을 맡았다. 대학 3학년 중반에 에머슨은 자신이 읽은 책을 기록하면서, '넓은 세상(Wide World)'이라고 이름을 붙인 공책에 일기를 쓰기 시작했다. 그는 학비를 충당하기 위해 학교 식당에서 웨이터로 일하는가 하면 매사추세츠주 월섬에서 삼촌 사무엘, 숙모 사라 리플리와 함께 가끔 교사로 일하며 돈을 벌었다. 3학년이 되면서 에머슨은 왈도(Waldo)라는 중간 이름을 쓰기 시작했다.

에머슨은 학생 대표 시인인 '클래스 시인(Class Poet)'으로 활동했는데, 전통에 따라 1821년 8월 29일 졸업식 한 달 전 하버드 클래스 데이(Harvard Class Day, 졸업식 한 달 전에 열리는 전통 행사로, 졸업예정자들이 서로를 축하하고 선배들의 조언을 들으며, 다양한 연설과 시상식이 거행된다. 클래스 시인이나 학생 대표가 연설하고 시도 발표한다)에서 자신이 직접 쓴 시를 발표했다. 당시 그의 나이 열여덟이었다. 그의 학교 성적은 동급생 59명 중 정확히 중간으로, 그다지 두각을 나타내지는 못했다.

1820년대 초, 에머슨은 형 윌리엄이 운영하던 '젊은 숙녀들을 위한 학교(School for Young Ladies)'에서 교사로 재직했다. 그 뒤 그는 2년 동안 매사추세츠주 록스베리의 캔터베리 구역에 있는 오두막집에서 생활하며 자연을 관찰하고 연구했다. 현재 보스턴 프랭클린 공원에 위치한 그곳은 스쿨마스터 힐(Schoolmaster Hill)이라고 이름을 붙여 그를 기리고 있다.

1826년, 건강이 나빠진 에머슨은 기후가 따뜻한 곳을 찾아 나섰

다. 처음에는 사우스캐롤라이나주 찰스턴에 갔지만, 그곳도 여전히 추운 지역이었다. 그는 더 남쪽인 플로리다주 세인트오거스틴까지 내려가 긴 산책을 즐기며 시를 쓰기 시작했다.

그는 그곳에 있으면서 나폴레옹 보나파르트의 조카인 아쉴 뮈라(Achille Murat) 왕자와 친분을 쌓았다. 에머슨은 두 살이 더 많은 뮈라와 가까운 친구가 되면서, 종교, 사회, 철학과 정치에 관한 토론을 벌이곤 했다. 에머슨은 뮈라를 자신의 지적 성장에 중요한 인물이라 생각했다.

세인트오거스틴에 머무는 동안 에머슨은 처음으로 노예제도를 경험했다. 한번은 성경협회 모임에 참석했는데, 마침 밖에서는 노예 경매가 열렸다. 그는 이렇게 기록했다.

"한쪽 귀로는 행복하고 복된 말이 들리고 다른 쪽 귀로는 '자, 신사 여러분, 어서 값을 부르세요!'라는 외침이 들렸다."

02
젊은 시절

에머슨은 하버드대학을 졸업한 뒤 형 윌리엄이 매사추세츠주 첼름스퍼드의 어머니 집에 설립한 '젊은 숙녀들을 위한 학교'에서 형을 도와 일했다. 1824년 중반 윌리엄이 법률을 공부하기 위해 독일 괴팅겐으로 떠나자 에머슨은 학교를 폐쇄하고도 1825년 초까지 매사추세츠주 케임브리지에서 계속 가르쳤다.

에머슨은 1824년 말 하버드 신학교에 입학했고, 1828년에는 최우수 학생 동아리 '파이 베타 카파(Phi Beta Kappa)'의 회원이 되었다. 에머슨보다 두 살 어린 동생 에드워드는 하버드대학교를 수석으로 졸업한 뒤 변호사 다니엘 웹스터의 사무실에 취직했다가 건강이 악화되고 정신적으로도 무너져 25세였던 1828년 6월에 정신병원에 입원했다. 그 뒤 그는 정신적으로는 건강을 회복했지만, 결핵으로 사망했다. 에머슨의 또 다른 동생인 찰스도 1836년 28세 나이에 결핵으로 세상을 떠났다.

에머슨은 1827년 크리스마스 날 뉴햄프셔주 콩코드(Concord)에서 엘렌 루이자 터커(Ellen Louisa Tucker)를 만나 2년 뒤 26세의 나이에 결혼했다. 부부는 보스턴으로 이사했는데, 에머슨의 어머니 루스도 이미 결핵을 앓고 있던 엘렌을 돌보기 위해 따라왔다. 그로부터 2년이 채 지나지 않은 1831년 2월 8일, 엘렌은 "나는 평화와 기쁨을 잊지 않았다"는 유언을 남기고 20세의 나이로 세상을 떠났다.

아내의 죽음에 큰 충격을 받은 에머슨은 록스베리에 있는 그녀

의 무덤을 날마다 찾았다. 그는 1832년 3월 29일 자 일기에 "엘렌의 무덤을 방문해 관을 열었다"라고 적었다.

보스턴의 제2 교회(Second Church)가 에머슨을 담임목사로 초빙하면서 그는 1829년 1월 11일에 목사 안수를 받았다. 그의 초기 연봉은 1,200달러(2022년 돈 가치로 32,978달러에 해당. 7월에는 1,400달러로 인상됨)였지만, 교회에서 맡은 역할과 함께 매사추세츠 주의회 목사, 보스턴교육위원회 위원 등 다른 직책도 맡았다. 그는 교회 업무에 적극적이었다. 하지만 아내의 임종이 다가오면서 자신의 믿음에 의문을 품기 시작했다.

아내가 사망한 뒤 교회의 방식에 동의하지 않게 된 그는 1832년 6월 일기에 이렇게 썼다.

"좋은 목사가 되기 위해서는 가끔 목사직을 떠나 있어야 한다는 생각이 든다. 이 직업은 구태의연하다. 변화된 시대에 우리는 선조들의 '죽은 형식'으로 예배를 드린다."

그는 성찬 의식과 공중 기도(대표 기도)에 대한 이견으로 1832년 결국 목사직을 사임하게 되었다. 그는 이렇게 기록했다.

"그리스도를 기억하는 이런 방식은 나에게 맞지 않다. 그 이유만으로 내가 이 일을 그만두기에 충분하다."

한 에머슨 연구자는 이렇게 지적했다.

"목사의 점잖은 검은색 옷을 벗어 던진 그는 기관이나 전통의 한계에 갇히지 않은 강연자, 교사, 사상가의 가운을 자유롭게 선택할 수 있었다."

에머슨은 1833년 유럽을 여행하고 1856년 그 여행담을 《영국인의 특성(English Traits)》(1856)이라는 책으로 출간했다. 그는 1832년 크리스마스 날 범선 재스퍼호에 올라 첫 번째 목적지 몰타로 떠났다. 유럽 여행 기간, 이탈리아에서 몇 달을 보내면서 로마, 피렌체, 베네치아 등 여러 도시를 방문했다. 로마에 있을 때 그는 존 스튜어트 밀을 만났다. 밀은 그에게 토머스 칼라일을 만날 수 있는 소개장을 써 주었다.

그 뒤 스위스로 여행을 떠난 그는 다른 여행자들의 설득으로 페르네에 있는 볼테르의 집을 방문하게 되었는데, 볼테르가 그런 관심을 받을 만한 가치가 없다고 생각한 그는 가는 내내 불만에 가득 차 툴툴거렸다. 그 뒤 그는 '시끄러운 현대판 뉴욕'인 파리로 이동해 파리 식물원(Jardin des Plantes)을 방문했다. 그는 쥐시외(Jussieu)의 분류 체계에 따라 식물을 정리한 방식과 모든 사물이 어떻게 서로 연관되고 연결되어 있는가 하는 점에 깊은 감명을 받았다. 미국 역사가 로버트 D. 리처드슨은 "에머슨은 식물원에서 모든 것이 어떻게 서로 연결되어 있는지 깊이 깨달았다. 거의 환상적인 강렬함으로 가득 찬 그 순간은 그의 관심을 신학에서 과학으로 옮겨 놓았다"라고 했다.

영국에 도착한 에머슨은 윌리엄 워즈워스, 새뮤얼 테일러 콜리지, 토머스 칼라일을 만났다. 특히 칼라일은 그에게 큰 영향을 끼쳤다. 에머슨은 나중에 미국에서 칼라일의 비공식 문학 에이전트 역할을 했는데, 1835년 3월에는 칼라일을 설득해 미국에서 강연하게 했다. 두 사람은 1881년 칼라일이 사망할 때까지 편지를 교환했다.

에머슨은 1833년 10월 9일 미국으로 돌아와 어머니와 함께 매사추세츠주 뉴턴에서 살았다. 1834년 10월에는 매사추세츠주 콩코드로 이사해 나중에 '올드 맨스(The Old Manse)'라 불리게 되는 저택에서 의부 조부인 에즈라 리플리(Ezra Ripley) 박사와 함께 살았다. 다양한 주제의 강연을 제공하던 라이시움(Lyceum) 운동의 인기가 높아지면서 에머슨은 강연자로서 경력을 쌓을 기회를 얻게 되었다.

1833년 11월 5일, 그는 보스턴에서 〈자연사의 용도(The Uses of Natural History)〉라는 제목으로 강연했다. 파리에서의 경험을 확장 설명한 이 강연은 그가 앞으로 진행할 약 1,500회 강연의 시작이었다. 이 강연에서 그는 나중에 첫 번째 에세이인 〈자연(Nature)〉에서 발전시키게 될 중요한 신념과 아이디어의 일부를 제시했다.

"자연은 언어와 같고, 우리가 배우는 새로운 사실은 새로운 단어를 배우는 것과 같다. 그러나 이것은 분해되어 사전 속에 처박힌 죽은 언어가 아니라, 깊은 의미와 보편적인 메시지로 결합된 언어이다. 내가 이 언어를 배우고자 하는 것은 단지 새로운 규칙을 알기 위해서가 아니라 그 언어로 쓰인 방대한 책을 읽기 위해서이다."

03
문학 경력과 초월주의

1836년 9월 8일, 에머슨은 〈자연〉을 출판하기 하루 전, 프레더릭 헨리 헤지(Frederic Henry Hedge), 조지 퍼트남(George Putnam), 조지 리플리(George Ripley)와 만나 뜻이 맞는 다른 지식인들과의 주기적인 모임을 계획했다. 이것이 초월주의 클럽 활동의 시작으로, 이 클럽은 초월주의 운동의 중심 역할을 했다.

이 클럽의 첫 공식 모임은 1836년 9월 19일에 열렸다. 1837년 9월 1일, 여성들이 처음으로 초월주의 클럽 회의에 참석했는데, 에머슨은 마가렛 풀러(Margaret Fuller), 엘리자베스 호어(Elizabeth Hoar), 사라 리플리(Sarah Ripley)를 저녁 모임에 참석할 수 있도록, 모임 전 자기 집에 초대해 저녁 식사를 같이했다. 이후 풀러는 초월주의의 중요한 인물로 부상하게 된다.

에머슨은 익명으로 자신의 첫 에세이인 〈자연〉의 원고를 '제임스 먼로 앤드 컴퍼니(James Munroe and Company)' 출판사에 보내 1836년 9월 9일에 출판되도록 했다. 1년 뒤인 1837년 8월 31일 에머슨은 유명한 파이베타카파 연설을 했는데, 처음에는 〈케임브리지의 파이베타카파학회 앞에서 행한 연설(An Oration, Delivered before the Phi Beta Kappa Society at Cambridge)〉이라는 제목이었다. 이후 1849년에 에세이집을 출간하면서 책 제목과 똑같이 〈미국 학자(The American Scholar)〉로 바뀌었고, 이 에세이집에는 〈자연〉도 포함되었다. 친구들에게서 강연 원고를 출판하라는 권유를 받은 그는 자비로 500부 한정판을 출판해 한 달 만에 매진되었다.

에머슨은 연설을 통해 미국의 문학적 독립을 선언하고, 미국인들이 유럽의 영향에서 벗어나 자신만의 글쓰기 스타일을 창조할 것을 촉구했다. 당시 하버드대학에 재학 중이던 제임스 러셀 로웰(James Russell Lowell)은 이를 "우리 문학사에 전례가 없는 사건"이라고 불렀다. 하지만 청중의 또 다른 한 사람인 존 피어스(John Pierce) 목사는 "명백히 일관성이 없고 이해할 수 없는 연설"이라고 평가절하했다.

1837년 에머슨은 헨리 데이비드 소로와 친구가 되었다. 1835년 초에 이미 만났을 가능성이 있지만, 1837년 가을에 에머슨이 소로에게 "일기를 쓰시나요?"라고 물었는데, 이 질문은 소로에게 평생 영감을 주었다고 한다. 에머슨의 일기는 1960년에서 1982년에 이르기까지 하버드대학 출판부에서 16권의 책으로 출간되었다. 일부 학자들은 이 일기를 에머슨의 주요 문학 작품으로 간주한다.

1837년 3월, 에머슨은 보스턴의 매소닉 템플(Masonic Temple, 프리메이슨협회 건물. 하지만 에머슨이 프리메이슨 회원인지는 확정할 수 없다고 한다)에서 역사 철학에 관한 일련의 강연회를 열었다. 그가 직접 강연 계획을 짠 것은 그것이 처음이었고, 강연자로서의 경력의 출발점이었다. 그는 단체로부터 요청받아 강연했을 때보다 더 많은 돈을 벌었다. 이후로 그는 평생 자신의 강연을 직업 계획하고 주최하게 된다. 그는 연간 80회 이상 강연하며 세인트루이스, 디모인, 미니애폴리스, 캘리포니아 같은 곳을 여행했다.

1838년 7월 15일, 에머슨은 하버드 신학교의 디비니티 홀(Divinity Hall)에 초대되어 졸업식 연설을 하게 되는데, 이 연설은 〈신학교 연설(Divinity School Address)〉로 알려지게 된다. 에머슨은 《성경》의 기적을 의심했으며, 예수가 위대하긴 하지만 신은 아니라고 했다. 그는 옛 기독교가 예수를 고대 이집트인이나 그리스인이 묘사한 오시리스나 아폴론 같은 '반신반인(半神半人)'으로 변형시켰다고 주장했다.

그의 발언은 기성 교회와 개신교 공동체 전체를 분노케 했다. 그는 무신론자이자 젊은이들의 정신을 오염시키는 자라는 비난을 받았다. 비평가들의 거센 비난에도 그는 아무런 대꾸도 하지 않았고, 다른 사람들이 자신을 변호하게 내버려두었다. 그 뒤 그는 30년 동안 하버드대학에서 강연해달라는 요청을 받지 못했다.

초월주의 그룹은 1839년 10월에 잡지 창간을 계획했지만, 1840년 첫 주까지 작업을 시작하지 않다가 1840년 7월에 대표적인 잡지인 〈다이얼(The Dial)〉을 발행하기 시작했다. 유니테리언 목사인 조지 리플리가 편집장을 맡았다. 편집자는 여러 사람이 고사한 끝에 에머슨의 제안으로 마가렛 풀러가 받아들였다. 풀러는 에머슨이 뒤를 이어받기까지 약 2년 동안 편집자로 일하면서 엘러리 채닝(Ellery Channing)과 소로를 포함한 재능 있는 젊은 작가들을 홍

보하는 데 잡지를 활용했다.

1841년, 에머슨은 유명한 에세이 〈자기 신뢰〉가 포함된 두 번째 저서인《에세이 : 첫 번째 시리즈》를 출간했다. 그의 이모는 이 책을 신에 대한 불신과 가짜 자립심의 이상한 혼합물이라고 비판했지만, 런던과 파리에서는 좋은 평가를 받았다. 이 책은 이전 작품들과는 달리 그가 전 세계적으로 인정을 받는 계기가 되었다.

1842년 1월 에머슨의 첫아들 왈도가 성홍열로 사망했다. 에머슨은 자신의 슬픔을 시 〈비가(Threnody)〉와 에세이 〈경험(Experience)〉에 담았다. 같은 달에 실용주의 철학자 윌리엄 제임스가 태어났고, 에머슨은 그의 대부가 되는 것에 동의했다.

1842년 11월 철학자 브론슨 알콧(Bronson Alcott)은 "튼튼한 건물과 비옥한 과수원, 부지가 있는 100에이커 정도의 상태가 좋은 농장"을 찾아볼 생각이라고 말했다. 알콧의 이상을 추종한 찰스 레인(Charles Lane)은 1843년 5월 매사추세츠주 하버드에 90에이커 규모의 농장을 사들였다. 이곳은 초월주의 사상의 영향을 받아 유토피아적 꿈에 기반을 둔 커뮤니티인 프루트랜즈(Fruitlands)로 조성될 예정이었다.

이 농장은 동물을 노동력으로 사용하는 대신 공동 작업으로 운영되고, 구성원들은 고기를 먹지 않을 뿐만 아니라 양모나 가죽도 사용하지 않기로 했다. 에머슨은 자신이 직접 실험에 참여하지 못하는 것에 "마음이 아프다"라고 말했다. 그런데도 그는 프루트랜즈의 성공을 기대하지 않았다. 그는 "그들의 모든 교리는 영적이지만, 항상 땅과 돈을 많이 달라고 사정한다"고 적었다.

알콧 자신도 푸르트랜즈를 운영하면서 겪은 어려움을 인정했다. 그는 "우리 중 누구도 우리가 상상한 이상적인 삶을 현실로 만들 준비가 되어 있지 않았다. 그래서 우리는 결국 실패했다"라고 기록했다. 그 사업이 실패한 뒤 에머슨은 콩코드에 있는 알콧 가족을 위해 '힐사이드(Hillside)'라는 이름의 농장을 구입하는 데 도움을 주었다.

〈다이얼(The Dial)〉 발행이 1844년 4월에 중단되었다. 언론인 호레이스 그릴리(Horace Greeley)는 이것을 "이 나라에서 출판된 가장 독창적이고 사려 깊은 정기 간행물의 종말"이라고 보도했다.

1844년, 에머슨은 두 번째 에세이집 《에세이 : 두 번째 시리즈》를 출간했다. 이 책에는 에세이 〈시인〉, 〈경험〉, 〈선물〉, 〈자연〉이 들어 있었는데, 〈자연〉은 1836년에 출판한 작품과는 다른 것이었다.

에머슨은 뉴잉글랜드와 그 밖의 여러 지역에서 인기 있는 강연자로 생계를 유지했다. 1833년에 강연을 시작한 그는 1850년대에는 연간 80회의 강연을 했다. 그는 '유용한 지식 확산을 위한 보스턴학회(Boston Society for the Diffusion of Useful Knowledge)'와 '글로스터 리세움(Gloucester Lyceum)' 등에서 연설했다. 에머슨은 다양한 주제로 연설했는데, 그의 에세이 중 상당 부분은 강연 내용을 토대로 한 것이다.

그는 강연 한 건당 10달러에서 50달러의 수입을 올렸다. 겨울 강연에서는 최대 2,000달러까지 벌었다. 강연이 아닌 다른 일로 번 돈을 훨씬 초과하는 수입이었다. 그가 평생 강연한 횟수는 약 1,500회였다. 이를 통해 번 돈으로 월든 호숫가의 11에이커와 인근 소나무 숲까지 많은 땅을 살 수 있었다. 그는 자신을 "대략 14에이커 땅과 호수의 주인"이라고 표현했다.

에머슨은 프랑스 철학자 빅토르 쿠쟁(Victor Cousin)의 책을 통해 인도 철학을 처음 접했다. 1845년까지 그의 일기에는 《베다(Vedas)》(베다 시대 브라만교 및 그 후신인 힌두교의 신화·종교·철학적 경전이자 문헌)에 관한 헨리 토마스 콜브루크(Henry Thomas Colebrooke)의 에세이와 《바가바드 기타(Bhagavad Gita)》(힌두 경전 중 하나)를 연구한다는 내용이 기록되어 있다.

베단타(Vedanta, 인도의 정통 육파철학 가운데 하나로, 바른 지식·직관·개인적 경험을 통해 진리를 깨닫고 절대신 브라만을 인식하는 것을 목표로 하는 철학파)로부터 큰 영향을 받은 그의 많은 작품에는 비이원론(Nondualism, 실체와 현상, 주체와 객체, 자아와 우주가 분리되지 않고 하나로 연결되어 있다는 사상)적 시각이 반영되어 있는데, 특히 그의 에세이 〈초월적 영혼(The Over-soul)〉에서 그러하다.

"우리는 분할, 조각, 파편으로 분리된 삶을 살아간다. 하지만 우리 안에는 모든 것과 연결되는 영혼, 깊고 지혜로운 고요함, 모든 조각과 파편을 동등하게 연결하는 아름다움, 영원한 하나가 존재한다. 우리를 둘러싼 이 강력한 힘은 완전히 우리에게 열려 있고 그 자체로 충분하고 언제나 완벽하다. 우리가 무언가를 볼 때, 보는 행위, 우리가 보는 것, 보는 사람, 보이는 것, 보는 사람과 경치, 관찰자와 관찰 대상은 모두 하나이다. 우리는 태양, 달, 동물, 나무처럼 세상을 조금씩 경험하지만, 이 모든 빛나는 조각은 전체인 영혼의 일부이다."

에머슨이 동양 사상 연구에서 도출한 핵심 메시지는 "삶의 목적은 영적인 변화와 지금 여기 지구에서 신성한 힘을 직접 경험하는 것"이었다.

에머슨은 1847년부터 1848년까지 영국 제도(諸島)를 여행했다. 그는 1848년 프랑스 2월 혁명과 격렬한 6월 봉기 사이에 파리를 방문했다. 그는 2월 혁명 당시 바리케이드를 만들려는 시위대 손에 잘려 나간 나무들의 잔해를 목격했다. 5월 21일에는 조화(調和), 평화, 노동을 촉진하는 대규모 축하 행사가 열리는 마르스 광장에 있었다. 그는 일기에 "우리는 연말에, 혁명이 잘려 나간 나무만큼 가치가 있었는지 평가할 것"이라고 적었다.

이 여행은 에머슨의 훗날 저술에 큰 영향을 끼쳤다. 1856년에 출간한 《영국인의 특성(English Traits)》은 이 기간의 여행 일기와 관찰 기록에 크게 의존한 것이었다. 이후 에머슨은 미국 남북전쟁을 1848년의 유럽 혁명과 유사한 '혁명'으로 보기 시작했다.

에머슨은 1851년 5월 3일 매사추세츠주 콩코드에서 행한 연설에서 '도망노예법(Fugitive Slave Act)'을 강력히 비난했다.

"의회에서 통과된 이 법은 여러분 모두가 기회만 있으면 어길 법이며, 자존심과 신사라고 불릴 권리를 잃지 않고서는 누구도 따를 수 없는 법이고, 다른 사람이 따르도록 도울 수도 없는 법입니다."

그해 여름, 그는 일기장에 이렇게 기록했다.

"이 더러운 법은 19세기에 글을 읽고 쓸 수 있는 사람들이 만든 법이다. 나는 그것에 복종하지 않을 것이다."

1852년 2월 에머슨과 제임스 프리먼 클라크(James Freeman Clarke) 목사, 윌리엄 헨리 채닝(William Henry Channing)은 1850년에 사망한 마가렛 풀러의 작품과 편지를 편집했다. 풀러가 사망한 지 일주일 만에 《뉴욕(New York)》의 편집자 호레이스 그릴리는 에머슨에게 그녀의 슬픈 죽음에 사람들의 관심이 사라지기 전에 《마가렛과 그녀의 친구들(Margaret and Her Friends)》이라는 제목의 전기를 빨리 준비할 것을 제안했다.

그녀의 원고는 대폭 수정되고 편집되어 《마가렛 풀러 오솔리의 회고록(Memoirs of Margaret Fuller Ossoli)》이란 제목으로 출판되었다. 세 명의 편집자는 풀러에 대한 대중의 관심은 일시적이고, 그녀가 역사적 인물로 살아남지 못할 것이라 믿었기 때문에 내용의 정확성에는 신경 쓰지 않았다. 그런데도 이 책은 그 시대의 베스트셀러 전기로 세기가 끝날 때까지 13판을 찍었다.

1855년 월트 휘트먼은 획기적인 시집 《풀잎들(Leaves of Grass)》을 출간하고 에머슨에게 사본을 보내 평가해 달라고 했다. 에머슨은 휘트먼에게 5페이지 분량의 답장을 보내 그 책을 칭찬했다.

04 폴렌스비 호숫가의 철학자 캠프

1858년 여름, 에머슨은 애디론댁산맥의 폴렌스비 호숫가로 캠프를 떠났다. 여기에 참가한 9명의 철학자는 루이스 아가시즈(Louis Agassiz), 제임스 러셀 로웰(James Russell Lowell), 존 홈스(John Holmes), 호레이쇼 우드먼(Horatio Woodman), 에벤저 록우드 호어(Ebenezer Rockwood Hoar), 제프리 와이먼(Jeffries Wyman), 에스테스

하우(Estes Howe), 에이머스 비니(Amos Binney), 윌리엄 제임스 스틸먼(William James Stillman)이었다.

'토요일 클럽(Saturday Club)'의 회원인 올리버 웬들 홈스(Oliver Wendell Holmes), 헨리 워즈워스 롱펠로(Henry Wadsworth Longfellow), 찰스 엘리엇 노턴(Charles Eliot Norton)은 초청받았지만, 캠프에 참가하지 못했다.

문학 동호회 성격의 이 사교 클럽은 매월 마지막 토요일에 보스턴 파커하우스호텔(Parker House Hotel)에서 모임을 가졌다. 윌리엄 제임스 스틸먼은 화가로서 미술 잡지 〈크레용(Crayon)〉의 창간인이자 편집자였다. 스틸먼은 애디론댁산맥 바로 남쪽에 있는 스키넥터디(Schenectady)에서 태어나 자랐는데, 산맥을 여행하며 자연을 화폭에 담고 낚시와 사냥을 즐겼다. 그는 황야에서의 경험을 토요 클럽 회원들에게 공유해 이 미지의 지역에 대한 관심을 불러일으켰다.

제임스 러셀 로웰과 윌리엄 스틸먼은 애디론댁산맥 여행 계획을 주도했다. 이들은 1858년 8월 2일 기차, 증기선, 역마차, 카누 등 다양한 교통수단을 이용해 모험을 시작했다. 이 세련된 남성들이 야생에서 원주민 삭스(Sacs)와 시욱스(Sioux) 부족처럼 살고 있다는 소식이 신문을 통해 전국에 퍼져나가면서 캠핑에 '철학자 캠프(Philosophers Camp)'라는 별명이 붙게 되었다.

이 행사는 19세기 지적 운동의 이정표로, 자연과 예술·문학을 연결하는 역할을 했다.

에머슨 연구자와 전기 작가들이 그의 삶에 대해 많은 글을 썼지만, 폴렌스비 호수(Follensby Pond)의 '철학자 캠프'에 대해서는 거의 언급하지 않았다. 그러나 에머슨은 장편 시 〈애디론댁(The Adirondac)〉을 통해 마치 일기처럼 토요 클럽 회원들과 함께한 야생 모험의 날들을 자세히 세상에 알렸다. 그는 1858년 2주간의 애디론댁 캠핑 여행을 통해 1836년 에세이 〈자연〉에서 언급한 주제인 '진정한 야생'을 경험하고 이렇게 기록했다.

"나는 광야에서 거리나 마을보다 더 소중하고 공감할 수 있는 뭔가를 발견한다."

05

남북전쟁 시기

에머슨은 노예제도를 완강히 반대했지만, 대중의 주목을 받는 것을 좋아하지 않아 이 주제로 강연하는 것을 망설였다. 그러나 1837년 11월 초부터, 즉 남북전쟁이 발발하기 전 몇 년 동안 여러 차례 강연했다. 처음에는 에머슨의 친구들과 가족 중 일부가 에머슨보다 노예 폐지 운동에 적극적이었다. 그러다가 1844년부터 에머슨이 노예제도를 매우 강력하게 반대하기 시작했다. 그는 이 주제로 여러 차례 강연했으며, 콩코드를 방문한 존 브라운(John Brown, 노예 폐지 운동의 지도자)을 자기 집에 초대하기도 했다.

그는 1860년 에이브러햄 링컨에게 투표했지만, 링컨이 노예제도를 완전히 폐지하기보다는 연방을 보존하는 데 더 관심을 기울이는 것에 실망했다. 남북전쟁이 발발하자마자 에머슨은 즉각적인 노예 해방을 지지한다는 견해를 분명히 밝혔다.

같은 시기인 1860년 에머슨은 《삶의 행위(The Conduct of Life)》라는 또 다른 에세이집을 출간했다. 그는 당시 사람들이 직면하고 있던 가장 어려운 문제를 다루었다. 에머슨의 노예제 반대 투쟁 경험은 이 책에 제시한 아이디어에 녹아 있다. 에머슨은 이 책에서 국가를 회생시키는 방법으로 전쟁을 확고히 지지했다. 그는 "내전, 국가 파산 또는 혁명은 번영의 침체기보다 더 중요한 결과를 가져올 수 있다"고 주장했다.

에머슨은 1862년 1월 말 워싱턴 D.C.를 방문했다. 그는 1862년 1월 31일 스미스소니언(Smithsonian)에서 개최된 공개 강연에서 "남부는 노예제도를 제도라고 부른다. … 나는 그것을 빈곤이라고 부른다. … 노예 해방은 문명의 요구이다"라고 선언했다.

다음 날 2월 1일, 에머슨의 친구 찰스 섬너(Charles Sumner)는 그를 백악관으로 데려가 링컨을 만나게 했다. 이전에 에머슨이 강연하는 것을 본 적 있는 링컨은 그의 작품을 잘 알았다. 그 만남 이후 링컨에 회의적이던 에머슨의 마음이 누그러졌다.

1865년, 콩코드에서 열린 링컨 추모 예배에서 에머슨은 이렇게 말했다.

"역사가 오래되어 비극이 아무리 많다 할지라도, 이번만큼 큰 슬픔을 불러일으켰거나 불러일으킬 죽음이 또 있는지 모르겠습니다."

또한 에머슨은 재무부장관 살몬 체이스(Salmon P. Chase), 법무부장관 에드워드 베이츠(Edward Bates), 전쟁부장관 에드윈 스탠튼(Edwin M. Stanton), 해군장관 기드온 웰스(Gideon Welles), 국무장관 윌리엄 수워드(William Seward) 등 다수의 정부 고위 관리를 만났다.

1862년 5월 6일, 에머슨의 후배 헨리 데이비드 소로가 결핵을 앓다가 44세의 나이로 사망했다. 에머슨은 추도사를 낭독했다. 그는 1849년 소로가 《콩코드강과 메리맥강에서 보낸 일주일(A Week on the Concord and Merrimack Rivers)》을 출간한 후 사이가 틀어졌음에도 소로를 가장 친한 친구라고 언급했다.

에머슨의 또 다른 친구, 소설가 너새니얼 호손(Nathaniel Hawthorne)도 2년 뒤인 1864년에 세상을 떠났다. 에머슨은 콩코드에서 열린 호손의 장례식에 조문객으로 참석했고, 그다음 날 일기에 “우리는 고운 햇살과 신록, 온화한 바람 속에 호손을 슬리피 할로(Sleepy Hollow) 공동묘지에 묻었다”고 썼다.

에머슨은 1864년에 미국 예술과학아카데미 회원, 1867년에 미국 철학회 회원으로 선출되었다.

06

말년과 죽음

1867년부터 건강이 나빠지면서 에머슨의 일기 쓰는 빈도는 줄어들었다. 1871년 여름 또는 1872년 봄부터 기억력이 떨어지고, 실어증으로 의사소통에 문제가 생겼다. 1870년대 말에는 자신의 이름조차 기억하지 못하는 때도 있었다. 그는 어떻게 지내느냐는 질문에 “아주 잘 지내고 있다. 정신적인 능력은 잃었지만, 몸은 완벽하게 건강하다”라고 대답하곤 했다.

대륙 횡단 철도가 완공된 지 2년 만인 1871년 봄, 에머슨은 기차를 타고 여행을 떠났다. 그는 솔트레이크시티에서 브리검 영(Brigham Young)을 비롯한 여러 중요 인물을 만났다. 캘리포니아주 요세미티에서는 당시 젊고 아직 유명하지 않았던 존 뮤어(John Muir, 자연주의자, 수필가)를 만났다. 뮤어에게는 에머슨과의 만남이 자신의 진로에 큰 영향을 끼치게 되는 매우 중요한 순간이었다.

1872년 7월 24일 에머슨의 콩코드 자택에 불이 났다. 그는 이웃에게 도움을 요청하고 불을 끄는 것을 포기한 채 가능한 한 많은 물건을 건지려고 노력했다. 불은 에프라임 웨일즈 불(Ephraim Wales Bull, 농부이자 정치인)의 외팔이 아들인 에프라임 불 주니어가 껐다.

사업가 프랜시스 캐벗 로웰(Francis Cabot Lowell)이 모은 5,000달러, 하버드대학 교수 르바론 러셀 브릭스(Le Baron Russell Briggs)가 모은 1만 달러, 정치인 조지 밴크로프(George Bancroft)의 개인 기부금 1,000달러 등을 비롯한, 에머슨 부부의 재건을 돕기 위한 친구들의 돈이 모금되었다. 숙소도 지원되었다. 에머슨 부부는 올드맨스(Old Manse)에서 가족과 함께 지냈지만, 앤 린치 보타(Anne Lynch Botta, 시인), 제임스 엘리엇 캐벗(James Elliot Cabot, 철학자), 제임스 T. 필드(James T. Fields, 출판업자), 애니 애덤스 필드(Annie Adams Fields, 저술가) 등에게서 초대장이 왔다.

이 화재는 에머슨의 강연 활동이 끝났음을 알리는 신호였다. 이후 그는 특별한 경우에만, 그리고 자신이 잘 아는 사람들 앞에서만 연설했다.

집이 수리되는 동안 에머슨은 영국, 유럽 대륙, 이집트를 여행할 목적으로 1872년 10월 23일 딸 엘렌과 함께 출국했다. 한편, 그의 아내 리디안은 친구들과 올드맨스에 머물렀다. 1873년 4월 15일, 에머슨은 딸 엘렌, 친구 찰스 엘리엇 노턴(Charles Eliot Norton, 저술가이자 하버드대학 미술 교수)과 함께 올림퍼스호를 타고 미국으로 돌아왔다. 에머슨이 콩코드로 돌아오자 마을에서는 그의 귀환을 축하했다. 하루 동안 학교를 휴교할 정도였다.

1874년 말, 에머슨은 《파르나수스(Parnassus)》라는 제목의 시선집을 출판했는데, 여기에는 애나 래티샤 바볼드(Anna Laetitia Barbauld), 줄리아 캐롤라인 도어(Julia Caroline Dorr), 진 인젤로(Jean Ingelow), 루시 라콤(Lucy Larcom), 존 베리(Jones Very)와 소로(Thoreau) 등의 시가 수록되었다. 원래 이 시선집은 1871년 가을에 준비되었지만, 출판사에서 수정을 요청하면서 출간이 지연되었다.

기억력이 감퇴함에 따라 1879년에 에머슨은 공개 석상에 모습을 드러내는 것을 중단했다. 그는 옥타비우스 B. 프로딩햄(Octavius

B. Frothingham, 유니테리언 목사)에게서 은퇴 축하 행사에 초대받자 "나는 외출도 잘하지 못하고 말도 많이 못한다. 나이가 들어서인지 작년부터 말하기와 기억하기가 어려워졌다. 그래서 집에 있는 것이 최선이라고 생각한다"라는 취지의 답장을 보냈다. 〈뉴욕타임스〉는 에머슨의 답장을 인용해 그가 그 행사에 참석하지 못한 것을 아쉬워했다고 보도했다.

훗날 에머슨의 오랜 친구이자 의사이며 시인인 올리버 웬들 홈스(Oliver Wendell Holmes)는 "에머슨이 무엇을 잘 기억하지 못하고 적절한 단어를 찾는 데 어려움을 겪기 때문에 사람들과 어울리는 것을 별로 좋아하지 않았다. 그가 이렇게 힘들어하는 모습을 보니 안타까웠다"라고 회고록에 썼다.

에머슨의 무덤.

1882년 4월 21일 에머슨은 폐렴에 걸린 것으로 밝혀졌고, 6일 뒤인 4월 27일 사망했다. 그는 미국 조각가 다니엘 체스터 프렌치(Daniel Chester French)가 제공한 흰색 가운을 입고 관에 안치되어 매사추세츠주 콩코드에 있는 슬리피 할로 공동묘지에 묻혔다.

07

생활 방식과 믿음

당시 에머슨의 종교적 견해는 급진적인 것으로 여겨졌다. 그는 모든 것이 신과 연결되어 있으며, 따라서 모든 것이 신성하다고 믿었다. 비평가들은 에머슨이 신들 가운데 핵심적인 신을 제거하고 있다고 생각했다. 헨리 웨어 주니어(Henry Ware Jr, 유니테리언 신학자이자 하버드대학 교수)는 에머슨이 '우주의 아버지'를 제거해 우리를 '고아원에 있는 아이들처럼' 만들 위험이 있다고 경고했다.

에머슨은 부분적으로 독일 철학과 성서 비평의 영향을 받았다. 초월주의의 기반이 되는 그의 사상은 신은 우리에게 진리를 보여줄 필요가 없고, 대신 우리가 직관을 통해 자연을 직접적으로 느끼면서 진리를 이해할 수 있다는 것이었다. 종교적 신념을 묻는 말에 에머슨은 이렇게 대답했다.

“나는 무엇보다도 퀘이커교도이다. 나는 ‘고요하고 작은 목소리’를 믿는데, 그 목소리는 우리 안에 계신 그리스도이시다.”

19세기 지역 도서관의 성장을 지지했던 에머슨은 다음과 같이 말했다.

“아주 작지만 신중하게 선정된 도서관에 무엇이 있는지 생각해 보라. 천 년에 걸쳐 전 세계로부터 선택된 매우 똑똑하고 유머러스한 사람들이 최고의 방법으로 정리한 지식과 통찰력을 공유하

기 위한 곳이다."

에머슨은 평생 애너 바커(Anna Barker, 마가렛 풀러의 친구로 외모가 매우 우아하고 아름다웠다고 한다)와 캐롤라인 스터기스(Caroline Sturgis, 초월주의 시인)를 비롯한 다양한 여성에게 로맨틱한 관심을 가졌다.

08

인종과 노예제도

에머슨은 1844년에 이르러서야 노예제도의 열렬한 반대자가 되었다. 하지만 그의 일기를 보면 어린 시절부터 노예제도를 고민했고, 노예 해방을 돕는 꿈을 꾸기도 했음을 알 수 있다. 1856년 6월, 노예제를 강력하게 반대한 것으로 유명한 미국 상원의원 찰스 섬너가 테러를 당한 직후 에머슨은 노예제 폐지 운동에 헌신하지 못한 것에 후회하는 마음을 표했다.

"어떤 사람들은 불의에 직접 도전하기 위해 태어난 것 같다. … 도덕적 원칙이 확고한 사람들이 끊임없이 존재한다는 것이 경이롭다."

섬너가 공격을 받은 뒤 에머슨은 노예제도에 반대하는 목소리를 내기 시작했다. 그해 여름 콩코드에서 열린 회의에서 그는 "노예제도를 없애지 않으면 자유도 없애야 한다고 생각한다"라고 말했다. 에머슨은 특히 목사의 자격으로 인류의 가장 큰 불의가 노예제도라고 비판했다.

1838년 초, 에머슨은 일리노이주 올턴의 노예제 폐지론자인 엘리야 패리시 러브조이(Elijah Parish Lovejoy)가 살해된 사건에 자극을 받아 처음으로 노예제에 반대하는 공개 연설을 했다.

"최근에 용기 있는 러브조이가 말하고 생각할 자유를 위해 일어섰다가 폭도가 쏜 총탄에 맞아 사망했습니다. 그는 사는 것이 더 나은 선택이 아니었던 시기에 죽었습니다."

존 퀸시 애덤스 전 대통령은 폭도가 러브조이를 살해한 사건이 지진처럼 전 대륙에 충격을 주었다고 한탄했다. 하지만 에머슨은 변화가 폭력이 아닌 도덕적 합의를 통해 이루어질 것이라고 믿었다. 1844년 8월 1일, 콩코드에서 행한 연설에서 그는 "이 운동과 지지자들 덕분에 우리는 이제 일상생활에서 윤리의 모든 측면을 공개적으로 토론할 수 있게 되었습니다"라며 노예제 폐지 운동에 분명한 지지를 표명했다.

에머슨은 민주주의 과정을 통해 노예제도가 폐지되어야 한다고 믿은, 당시 매우 진보적인 민주주의 사상가들 중 한 명이었다. 노예 폐지론자였던 에머슨은 인종의 함의(含意)에 대해 고심했다. 그의 진보적인 견해는 모든 인종이 동등한 능력으로 자기 역할을 다한다는 신념으로까지는 확장되지 않았는데, 이는 그 시대의 전형적인 사고방식이었다.

비평가들은 그가 인종적 견해로 인해 노예제 폐지를 지지하는 데 주저했고, 노예제와의 투쟁에 적극적이지 않았다고 주장한다. 그는 젊은 시절에 인종과 노예의 문제에 침묵했다. 에머슨은 30대가 되어서야 인종과 노예제도에 관한 글을 쓰기 시작했고, 40대 후반과 50대에 이르러서야 노예제 반대 운동가로 인정받기 시작했다.

젊은 시절 에머슨은 인종을 논리적 사고력을 기준으로 판단하는 인종 서열을 믿는 것처럼 보였는데, 특히 아프리카 노예가 사고력에서 백인과 정말 동등한지 의문을 제기했다. 에머슨은 1822년의 일기에 자신이 관찰한 것을 이렇게 썼다.

"나는 길거리에서 말하기 능력을 제외하면 코끼리보다 더 똑똑해 보이지 않는 흑인 남성을 많이 보았다. 이 사람들이 현명한 동물보다 우월하고 그 동물들을 지배하기 위해 창조되었을까? 가장 똑똑한 인간과 비교했을 때 그들은 너무 열등해 보여 동물과의 차이가 작아 보인다."

에머슨은 노예제 지지자들과 마찬가지로 아프리카 흑인 노예가 백인인 노예 주인보다 지적 능력이 떨어진다고 생각했던 것 같다. 그러나 흑인이 열등한 인종이라 믿었다고 할지라도 노예제를 지지한 것은 아니었다. 그는 도덕적으로 올바른 사람이라면 어떤 논리로도 노예제를 받아들일 수 없고, 개인적 이익을 좇는 사람만이 노예제의 잘못을 못 본 체할 수 있다고 했다.

에머슨은 아프리카인을 그들 고국에서 쫓아내는 행위, 잔인한 노예 대우, 노예제도의 혜택을 누리는 사람들의 이기심을 비난했다. 에머슨은 노예제가 윤리적 측면에서 근본적으로 잘못된 것이라면서도, 인종적 우월성은 유전적 특성과 관련한 과학적 문제라고 생각했다.

에머슨은 자신을 '색슨(Saxon) 혈통'으로 규정하고, 1835년 〈영국 천재의 영원한 특성(Permanent Traits of the English National Genius)〉이라는 연설에서 이를 강조했다. 그는 미국인, 특히 북부 출신 주민들은 영국인의 후손이며, 그들 국민성을 물려받았다고 주장했다. 에머슨은 영국 혈통을 가진 백인 미국인을 별도의 '인종'으로 보았고, 이들은 다른 국민보다 우월하다고 생각했다. 그의 인종 개념은 문화, 환경, 역사에 기반한 것이었다. 그는 영국계 미국인이 아일랜드, 프랑스, 독일 등 다른 유럽 국가 이민자보다 우월하며,

심지어 영국 태생 영국인보다 뛰어나다고 보았다.

에머슨이 노예제 폐지 운동에 더 많이 참여하고 인종과 인종 계층의 철학적 측면을 탐구하면서 인종에 대한 그의 관점도 진화하기 시작했다. 인종 차이와 계층 구조에 초점을 맞추던 그의 초기 관심은 인종 갈등의 잠재적 결과를 고려하는 방향으로 바뀌었다.

인종에 대한 에머슨의 생각은 민족주의와 민족 우월주의라는 그의 신념과 얽혀 있었는데, 이는 당시 미국에 널리 퍼져 있던 견해를 반영한 것이었다. 그는 당대의 인종 이론과 자연과학 이론을 피력함으로써 인종 발달 이론을 지지했다. 그 당시 정치적 다툼과 다른 인종의 노예화는 피할 수 없는 인종 갈등이며, 그 결과 어쩔 수 없이 미국 연방이 탄생할 것이라고 생각했다. 그는 이러

한 갈등이 변증법적 변화 과정에 필수적이며 국가 발전으로 이어진다고 보았다.

에머슨은 이후의 저술에서 결국 다양한 유럽 인종이 미국 내에서 혼합됨으로써 미국의 패권에 기여할 수 있는 우월한 혼혈 인종이 태어날 것이라는 생각을 펼쳤다.

09

유산과 평가

'콩코드의 현자'로 알려진 에머슨은 연사로서 미국 지성 문화의 핵심 인물로 떠올랐다. 저명한 편집자였던 제임스 러셀 로웰(James Russell Lowell)은 1871년에 출간한 저서 《나의 서재 창문(My Study Windows)》에서 에머슨을 미국에서 가장 꾸준하게 청중을 사로잡는 강연자라고 칭찬했다.

1849년 에머슨을 만난 소설가 허먼 멜빌(Herman Melville)은 처음에는 에머슨이 공감 능력이 부족하고 지적으로 오만하다고 비판했지만, 나중에는 에머슨이 실로 위대한 인물이라고 인정했다.

목사이며 동료 초월주의자였던 시어도어 파커(Theodore Parker)는

에머슨이 타인에게 동기를 부여하고 타인이 관심을 기울이게 하는 능력에 탁월하다면서, 에머슨의 심오한 지성과 존재감이 보스턴에 뜬 새롭고 매혹적인 별처럼 젊고 개방적인 이들을 사로잡아 새로운 길과 열망으로 인도했다고 칭찬했다.

에머슨의 유산은 그의 시대는 물론 현재까지도 다양한 사상가와 작가에게 꾸준히 영향을 끼치고 있다. 그의 사상은 월트 휘트먼, 헨리 데이비드 소로 같은 동시대 사람들뿐만 아니라 프리드리히 니체, 철학자 윌리엄 제임스(William James) 같은 저명한 인물들에게까지 영향을 끼쳤다. 월트 휘트먼, 헨리 데이비드 소로, 윌리엄 제임스 등은 에머슨의 철학을 적극적으로 수용했다. 허먼 멜빌, 너새니얼 호손, 헨리 제임스는 에머슨에 비판적이지만, 그의 영향력에서 완전히 벗어날 수 없었다. T.S. 엘리엇은 에머슨의 에세이를 부담스러워했다.

에머슨에 대한 사람들의 관심이 줄어들었음에도 그의 영향력은 지속되었는데, 특히 1914년부터 1965년까지 로버트 프로스트(Robert Frost), 월리스 스티븐스(Wallace Stevens), 하트 크레인(Hart Crane) 같은 미국의 주요 시인들에게 그러했다.

문학 평론가 해럴드 블룸(Harold Bloom, 예일대학교 교수)은 그의 저서 《미국 종교(The American Religion)》에서 에머슨을 '미국 종교의 선지자'라고 명명하고, 에머슨의 살아생전에 등장한 모르몬교와 크리스천 사이언스 같은 독특한 미국 종교 운동에 에머슨이 큰 영향을 끼쳤음을 역설했다. 또한 블룸은 미국의 주류 개신교 교회가 유럽의 교회에 비해 영지주의(靈智主義) 신앙을 더 많이 채택한 것은 부분적으로 에머슨에게 영향을 받았기 때문이라고 주장했다.

블룸은 《서양 규범(The Western Canon)》에서 에머슨과 프랑스 철학자 미셸 드 몽테뉴를 비교했다. 그는 에머슨의 노트와 일기를 읽으면 몽테뉴의 글을 읽는 것과 비슷한 경험을 한다면서 에머슨의 성찰적이고 내성적인 글쓰기의 깊이와 폭을 강조했다.

블룸은 《영어 최고의 시(The Best Poems of the English Language)》에 에머슨의 시 몇 편을 포함시켰지만, 〈자기 신뢰(Self-Reliance)〉, 〈동심원들(Circles)〉, 〈경험(Experience)〉, 《삶의 행위(The Conduct of Life)》 같은 에세이 대부분이 중요성 면에서 그의 시를 능가한다고 주장했다.

에머슨은 시의 행 길이, 운율, 구절이 호흡에 따라 결정된다고 믿었는데, 그의 시는 훗날 시인 찰스 올슨(Charles Olson)의 이론을 예고하는 것이었다.

10

주요 작품

작품집(에세이집)

- 《에세이 : 첫 번째 시리즈(Essays : First Series)》 (1841)
- 《에세이 : 두 번째 시리즈(Essays : Second Series)》 (1844)
- 《시(Poems)》 (1847)
- 《자연, 연설과 강의(Nature, Addresses and Lectures)》 (1849)
- 《위인 (Representative Men)》 (1850)

- 《영국인의 특성(English Traits)》 (1856)
- 《삶의 행위(The Conduct of Life)》 (1860)
- 《5월제(May-Day and Other Pieces)》 (1867)
- 《사회와 고독(Society and Solitude)》 (1870)
- 《지성의 자연사 : 랠프 왈도 에머슨의 마지막 강의(Natural History of the Intellect : the last lectures of Ralph Waldo Emerson)》 (1871)
- 《편지와 사회적 목표(Letters and Social Aims)》 (1875)

개별 에세이

- 〈자연(Nature)〉(1836, 단행본 분량의 작품)
- 〈자기 신뢰(Self-Reliance)〉 (에세이 : 첫 번째 시리즈)
- 〈보상(Compensation)〉 (에세이 : 첫 번째 시리즈)
- 〈초월적 영혼((The Over-Soul)〉 (에세이 : 첫 번째 시리즈)
- 〈동심원들(Circles)〉 (에세이 : 첫 번째 시리즈)
- 〈시인(The Poet)〉 (에세이 : 두 번째 시리즈)
- 〈경험(Experience)〉 (에세이 : 두 번째 시리즈)
- 〈정치(Politics)〉 (에세이 : 두 번째 시리즈)
- 〈월간 애틀랜틱에 실린 사디("Saadi" in the Atlantic Monthly)〉 (1864)
- 〈미국 학자(The American Scholar)〉
- 〈뉴잉글랜드의 개혁자들(New England Reformers)〉

- 〈역사(History)〉
- 〈운명(Fate)〉

시

- 〈콩코드 찬가(Concord Hymn)〉
- 〈로도라(The Rhodora)〉
- 〈브라마(Brahma)〉
- 〈우리엘(Uriel)〉

※출처 : 영문 위키피디아(2024년 3월 27일)

Emerson

제2부

에머슨이 남긴 지혜

1장 / 자신을 믿어라

자신을 믿어라.
모든 사람의 가슴은 그 철의 현에 맞춰 진동한다.

신이 정해준 네 자리를 받아들여라.
바다의 모든 물결, 바람의 모든 숨결은
신의 뜻에 따라 움직인다.

자신에게 진실해라.
그러면 어떤 사람에게도 거짓되지 않을 것이다.

네 안에 숨겨진 확신을 말하라.
그러면 그것은 보편적인 의식이 될 것이다.

네 안에 있는 것만이 네게서 나올 수 있다.
천재가 자신의 빛으로 덮여 있을 때만
모든 사람이 그 존재를 인정한다.

자기 신뢰를 키워야 성장한다

더 큰 자기 신뢰가 인간의 모든 직무와 관계, 종교, 교육, 목적, 생활 방식, 교제, 재산, 사색적 관점에 혁명을 일으킬 것임을 쉽게 알 수 있다. –〈자기 신뢰(Self-Reliance)〉

내면의 삶이 없는 사람은 주변 환경의 노예이다. –헨리 밀러(미국 소설가)

누구나 두려워한다

사람들의 힘과 용기는 점점 사라지고, 우리는 두려움과 불평만 늘어놓는 존재로 변해가고 있다. 우리는 진실이 두렵고, 운명이 두렵고, 죽음이 두렵고, 심지어 서로가 두렵다. –〈자기 신뢰(Self-Reliance)〉

겁쟁이는 죽기 전에 여러 번 죽음을 경험하지만, 용감한 자는 단 한 번만 죽는다. –윌리엄 셰익스피어(영국 극작가)

후회하지 말고 먼저 스스로를 도와라

상황이 달라지기를 바라거나 후회하는 것은 효과가 없는 기도와 같다. 후회한다는 것은 자신감과 결단력이 부족하다는 의미이다. 후회가 곤경에 처한 누군가에게 도움이 된다면 다행이지만, 그렇지 않다면 자신의 업무에 집중하라. 그렇게 함으로써 문제가 해결되기 시작한다. 우리의 동정심은 천박하기만 하다. 울고 있는 사람들에게 다가가 함께 울기 위해 앉아 있을 뿐, 그들에게 진실과 건강을 강렬한 전기 충격처럼 전달해 다시 한 번 자신의 이성과 소통하게 하는 데는 아무 소용이 없기 때문이다.

행운의 비결은 우리 손안에 있는 기쁨이다. 신과 인간 모두에게 언제나 환영받는 사람은 자기 자신을 돕는 사람이다. 그를 위해 모든 문이 활짝 열리고, 모든 혀가 그를 맞이하며, 모든 명예가 그에게 왕관을 씌우며, 모든 눈이 열망으로 그를 따른다. 우리가 그를 사랑하는 이유는 그가 우리의 사랑을 구하거나 필요로 하지 않으면서 독립적이기 때문이다. –〈자기 신뢰(Self-Reliance)〉

자신에게서 건강을 찾을 수 없는 사람은 어디에서도 건강을 찾을 수 없다. –프리드리히 니체(독일 철학자)

자신을 믿고 신념을 표현하는 것이 진정한 천재성이다

최근에 한 유명 화가가 쓴 시를 보았다. 이 구절들은 독특하고 일반적이지 않았다. 그런 시를 읽으면 주제와 상관없이 우리의 영혼이 주목하게 된다. 시가 표현하는 구체적인 아이디어보다 시가 불러일으키는 감정이 더 중요하기 때문이다.

자기 생각을 믿고, 자신에게 진실한 것이 곧 모든 사람에게 진실한 것이라는 믿음이 진정한 천재성이라고 할 수 있다. 자신의 가장 깊은 신념을 표현하면 결국 보편적인 공감을 불러일으킬 수 있다. 각 개인에게 마음의 목소리가 익숙한 것처럼, 우리가 모세,

플라톤, 밀턴을 높이 평가하는 것은 그들이 책과 전통을 무시하고 다른 사람들의 생각이 아니라 자기의 생각을 말했기 때문이다.

우리는 시인과 현자들의 천상(天上) 같은 광채보다는 자기 내면을 가로지르는 빛의 섬광을 감지하고 주시하는 법을 배워야 한다. 하지만 우리는 자기 생각이라는 이유로 바로 그 자기 생각을 아무렇지 않게 무시한다.

우리는 모든 천재의 작품에서 스스로 무시했던 자기 생각들이 표현된 것을 발견한다. 마음 한구석에 밀쳐놓았던 그 아이디어가 웅장하게 우리 앞에 나타나는 것이다. 위대한 예술 작품은 특히 다른 사람들이 모두 동의하지 않을 때도 처음의 본능을 믿고 자신의 신념을 굳건히 지켜야 한다는 큰 교훈을 준다. 그러지 않으면 언젠가 다른 사람이 우리의 생각과 감정을 자신감 있고 명확하게 표현하는 날이 올지도 모른다. 그렇게 되면 다른 사람에게서 들었다고 해서 자신의 신념을 마치 새로운 것인 양 마지못해 부끄러운 마음으로 받아들이게 될 수도 있다. –〈자기 신뢰(Self-Reliance)〉

우리의 가장 큰 신념은 우리 자신만의 것이 아니라 대개 다른 사람들의 마음속에서 속삭이는 메아리일 때가 많다. –칼릴 지브란(미국 시인)

자기 생각에 자신감을 가져라

자기 생각을 믿고 자신의 마음속에서 진실한 것이 모든 사람에게 진실하다고 믿는 것, 그것이 사람을 비상하게 만든다. 자신의 잠재된 신념을 말하면 그것은 보편적인 감각이 될 것이다. 결국 내면 가장 깊은 곳에 있는 것이 가장 바깥으로 드러나기 때문이다. -〈자기 신뢰(Self-Reliance)〉

위대한 영혼은 항상 평범한 생각의 격렬한 반대에 부딪히기 마련이다. -알베르트 아인슈타인(독일 태생 미국 물리학자)

당신은 세상에 단 하나뿐인 존재이다

다른 사람을 모방하지 말고 당신 자신에 충실하라. 당신이 평생 키워 온 재능은 늘 온전하고 완전하게 공유할 수 있는 바로 당신 것이다. 하지만 다른 사람의 재능을 사용하려고 하면 절반만 소유한 것 같아 온전하게 느껴지지 않을 것이다.

우리가 가장 잘할 수 있는 일을 발견하는 것은 오직 하나님의 인도를 받을 때만이다. 자신이 진정으로 무엇을 할 수 있는지 보여 주기 전까지는 누구도 당신을 알 수 없다. 셰익스피어, 프랭클린, 워싱턴, 베이컨, 뉴턴을 누가 가르칠 수 있었을까? 위대한 인물은 모두 세상에 단 하나뿐인 존재이다. –〈자기 신뢰(Self-Reliance)〉

항상 평범해지려고만 한다면 자신이 얼마나 대단한 사람이 될 수 있는지 결코 알 수 없다. –마야 엔젤루(미국 시인, 인권운동가)

최선을 다해야 마음의 평화를 누린다

질투하는 것은 더 잘 알지 못하는 것과 같고, 남을 따라 하려는 것은 자신을 해치는 것과 같으며, 좋든 나쁘든 자신을 있는 그대로 받아들여야 한다는 것을 깨닫는 시점이 모든 사람의 배움에 반드시 오게 되어 있다.

세상에는 좋은 것이 많지만, 각자에게 주어진 일을 열심히 해야만 그 혜택을 누릴 수 있다. 자신의 내면에 있는 능력은 독특하며, 자신만이 진정으로 무엇을 할 수 있는지 발견할 수 있지만 시도해 보기 전에는 알 수 없다. 어떤 얼굴, 성격 또는 사실이 누군가에게 강한 인상을 남기지만, 다른 사람에게는 전혀 기억되지 않는 것에 이유가 없지 않다. 기억의 조각은 미리 설정된 조화(調

和) 없이 존재하지 않는다. 한줄기 광선이 내리쬐이는 곳을 쳐다본 눈은 그 특별한 광선만을 증언할 수 있다. 하지만 우리는 우리 자신을 절반만 표현할 뿐, 각자를 대변하는 신성한 생각을 부끄러워한다. 무언가를 정직하게 나누면 좋은 결과로 이어진다는 것을 믿을 수 있다. 그러나 하나님은 두려워하는 사람을 통해 당신의 일을 드러내지 않으신다.

자기 일에 온 마음을 다해 최선을 다했을 때 행복하고 홀가분한 기분을 느끼지만, 무언가를 건성으로 하거나 마지못해 했을 때는 평화를 느낄 수 없다. 그런 미지근한 노력은 우리에게 참다운 자유를 주지 못한다. 최선을 다하지 않을 때는 재능이 우리를 버리고, 영감도 창의력도 희망도 찾을 수 없다. －〈자기 신뢰(Self-Reliance)〉

춤추는 사람들은 음악을 듣지 못하는 사람들에겐 미친 사람처럼 보인다. – 프리드리히 니체(독일 철학자)

나는 나 자신이어야 한다

나는 여러분의 습성과는 동떨어진 주장을 하고자 한다. 나는 나 자신이어야 한다. 난 당신이나 여러분을 위해 더는 나 자신을 망가뜨릴 수 없다. 있는 그대로의 나를 사랑할 수 있다면 우리는 더 행복해질 것이다. 당신이 그럴 수 없다면, 나는 여전히 당신이 그럴 만한 가치가 있다는 생각을 가질 수 있도록 노력할 것이다.

나는 나 자신이어야 한다. 나는 내가 좋아하는 것이나 싫어하는 것을 숨기지 않을 것이다. 나는 신성한 것을 깊이 믿기 때문에 낮이든 밤이든 진정으로 나를 행복하게 하고, 옳다고 느끼는 일을 자신 있게 할 것이다. 당신이 선하면 당신을 사랑할 것이다. 그렇지 않다면 우리 둘 모두에게 해가 될 수 있으니 좋아하는 척하지 않겠다. 정직하지만 내 의견에 동의하지 않는다면 다른 사람들을 따라가라, 나는 나만의 길을 찾을 테니까. 내가 이기심에서 이런 말을 하는 것이 아니라 성실하고 겸손한 마음에서 우러나 하는 것이다. 아무리 오랫동안 거짓되게 살아왔더라도 정직하게 사는 것이 당신과 나, 그리고 모두에게 더 나은 삶이다. 지금 내 말이 가혹하게 느껴지는가? 곧 당신과 나의 진정한 자아가 본능적으로 원하는 바를 소중히 여기게 될 것이다.

진실에 충실하면 결국에는 안전해질 것이다. 하지만 그렇게 되면 친구들에게 상처를 줄 수도 있다. 그렇다. 하지만 친구들을 화나게 하지 않으려고 내 자유와 힘을 포기할 수는 없다. 누구나 사물을 명확하게 보고 진실을 이해할 때가 있는데, 그럴 때면 친구들도 내 의견에 동의하고 똑같이 행동할 것이다. –〈자기 신뢰(Self-Reliance)〉

자신에게 진실하라. 그러면 자연스레 밤이 낮을 따르듯 다른 누구에게도 거짓되지 않을 것이다. –윌리엄 셰익스피어(영국 극작가)

위대한 사람은 고독을 즐긴다

중요한 것은 다른 사람의 생각이 아니라 내가 해야 할 일이다. 행동과 생각 모두에서 지키기 어려운 이 원칙이 위대한 사람과 평범한 사람을 가른다. 나보다 내 책임을 더 잘 알고 있다고 믿는 사람들이 항상 존재하기 때문에 곤란하다. 세상에서는 세상의 의견을 따라 살기 쉽고, 혼자일 때는 자신의 의견을 따라 살기 쉽지만, 위대한 사람은 군중 속에서도 고독을 완벽한 단맛으로 즐기는 사람이다. –〈자기 신뢰(Self-Reliance)〉

개인은 언제나 집단에 압도당하지 않기 위해 투쟁해야 한다. 그렇게 할 때 종종 외로울 것이고, 때로는 두려움을 느낄 것이다. 하지만 자신을 소유하는 특권을 얻기 위해서는 어떤 대가도 아깝지 않다. –프리드리히 니체(독일 철학자)

행동을 관철하기 위해서는 군인의 용기가 필요하다

무엇을 하든 용기가 필요하다. 어떤 길을 결정하든 당신이 틀렸다고 말하는 사람이 항상 있기 마련이다. 비판자의 말이 옳다고 믿고 싶게 만드는 어려움은 항상 존재한다. 행동 방침을 세우고 끝까지 그것을 이행하기 위해서는 군인에게 필요한 것과 같은 용기가 필요하다. 평화를 얻기 위해서는 승리해야 하지만, 그 승리를 위해서는 용감한 남성과 여성이 필요하다. –〈자기 신뢰(Self-Reliance)〉

자유는 대담함에 있다. –로버트 프로스트(미국 시인)

남을 모방하지 말고 가장 잘할 수 있는 일을 하라

당신 자신이 되어라. 다른 사람을 흉내 내는 비열한 모방자가 아닌, 가장 멋진 당신 자신이 되어라. 당신에게는 다른 사람보다 더 잘할 수 있는 무언가가 있다. 내면의 목소리에 귀 기울이고, 용감하게 그에 따라 행동하라. 당신이 가장 잘하는 일을 하라. 당신에게 어울리지 않는 일은 절대 하지 말라. –〈자기 신뢰(Self-Reliance)〉

일은 인생의 많은 부분을 차지한다. 정말 행복해지려면 중요하다고 생각하는 일을 해야 한다. 중요한 일을 하는 가장 좋은 방법은 자신의 일을 사랑하는 것이다. –스티브 잡스(애플 공동 창업자)

어디를 가든 고민과 문제는 따라다닌다

여행은 멋진 것 같지만 기만적이다. 처음 여행을 떠나면 장소가 우리의 기분을 바꾸지 못한다는 것을 깨닫게 된다. 예전에는 나폴리나 로마에 가면 행복해지고 고민을 잊을 수 있을 것이라 생각했다. 그래서 짐을 싸서 친구들에게 작별 인사를 하고 출항하지만, 막상 목적지에 도착하면 여전히 똑같은 고민을 안고 있는 내 모습을 발견한다. 유명한 곳을 찾아다니며 놀라워하고 행복을 느끼려고 노력하지만 소용이 없다. 어디를 가든 내 문제는 나를 따라다닌다. –〈자기 신뢰(Self-Reliance)〉

몸바사로 여행을 간다고 자신에게서 벗어날 수는 없다. –알랭 드 보통(스위스 태생 영국 철학자)

과거와 모순된 말을 한다고 해서 그게 무슨 대수인가?

자신을 믿지 못하게 하는 또 다른 두려움은 과거 행동과 말로 나의 미래 행동을 예측하는 다른 사람들을 실망시키고 싶지 않은 욕구에서 비롯된다. 하지만 왜 항상 과거 행동을 돌아봐야 한단 말인가? 과거 기억의 무게를 짊어지고, 공개적으로 이전에 말한 것과 모순되는 말을 할까 봐 왜 걱정해야 한단 말인가? 모순된 말을 한다고 그게 무슨 대수란 말인가? 기억에만 의존하지 말고, 심지어 순전히 회상에만 의존하지 말고, 과거의 경험을 다양한 각도에서 사물을 바라보는 현재의 관점으로 가져오는 것이 현명하다. 이렇게 하면 항상 새로운 하루가 다가올 때마다 그 순간을 받아들이며 살아갈 수 있다. –〈자기 신뢰(Self-Reliance)〉

애벌레가 세상의 종말이라고 부르는 것을 우리는 나비라고 부른다. –리처드 바크(미국 비행사, 소설가)

내가 가진 생각이 나의 핵심이다

모든 사람의 핵심은 각자가 가진 생각이다. 아무리 강인해 보이거나 독립적인 사람이라도 자신의 핵심 생각을 따르게 마련이다. 누군가의 마음이나 행동을 바꾸기 위해서는 설득력 있고 그의 가치와 일치하는 새롭고 강력한 아이디어를 소개함으로써 가능하다. –〈동심원들(Circles)〉

마음을 바꾸면 세상이 바뀐다. –노먼 빈센트 필(미국 목사)

노력으로 당당하게 도전하라

자신을 믿어라. 모든 이의 심장은 이러한 강한 신념에 반응한다. 신이 당신을 위해 마련한 자리, 주변 사람들, 그리고 일이 일어나는 방식을 받아들여라. 위대한 사람들은 항상 이렇게 해 왔고, 자신의 능력을 믿으며 진정한 신뢰는 내면에서 온다는 것을 이해하고 모든 행동을 이끌어 왔다. 이제 우리가 우리의 위대한 목적을 온 마음으로 받아들일 차례이다. 도전을 회피하거나 도망치지 않고 용기를 내어 이 위대한 운명을 받아들여야 한다. 구석에서 보호받는 미성년자나 병자, 혁명을 피해 도망치는 겁쟁이가 아니라, 전지전능한 노력에 복종하며 혼돈과 어둠을 향해 나아가

는 안내자, 구원자, 은인이 되어야 한다. –〈자기 신뢰(Self-Reliance)〉

당신에게 일어나는 모든 일은 태초부터 우주의 운명 도서관에 기록되어 있다. –마르쿠스 아우렐리우스(로마 제국 16대 황제)

2장

자연의 부름

자연은 결코 우리를 속이지 않는다.
자연은 진실을 말할 수밖에 없고
꽃의 언어로 말하기 때문이다.

자연은 항상 공정한 것을 말하며,
우리에게 해로운 것,
우리가 알면 좋지 않은 것은 절대 말하지 않는다.

자연에서 겸손의 교훈을 배우자.

자연은 인간 영혼을 닮았다

우리 마음에 가장 먼저, 가장 큰 영향을 미치는 것은 자연이다. 우리는 날마다 낮에는 태양을 보고 밤에는 별을 본다. 바람은 항상 불고 풀은 계속 자란다. 사람들은 매일 대화하고 서로를 마주보면서 서로 신세를 지며 살아간다. 학자는 이 위대한 광경 앞에서 소망을 품고 또 경외심을 갖게 된다. 자연의 가치는 각자의 마음으로 정할 수밖에 없다.

개인에게 자연이란 무엇일까? 하나님의 거미줄의 불가사의한 연속성에는 결코 시작도 없고 끝도 없지만, 항상 순환하는 힘은 그 자체로 되돌아간다. 그러므로 자연은 인간에 의해 그 시작점과 종착점이 발견되지 않으며, 너무 완벽하고 한계가 없다는 점에서 인간의 영혼과 닮았다. 자연의 아름다움은 광선처럼 아득히 먼 곳까지, 중심도 없이 그 끝도 없이 체계를 초월해 위로 밑으로 그 빛을 발산한다. 자연은 인간의 정신에만 자신을 설명한다는 점에서 다른 것들과 구분된다. –〈미국 학자(The American Scholar)〉

하나님을 만나지 않고, 하나님의 증거를 만나지 않고, 얼마나 멀리 갈 수 있을까? –애니 딜러드(미국 소설가, 시인)

하나의 생명체, 하나의 우주

온 세상을 작은 이슬방울 하나를 통해서도 볼 수 있다. 현미경으로도 보기 힘들 정도로 작은 생물들도 완벽한 형태를 갖추고 있다. 그것들은 눈, 귀, 미각, 후각, 움직임, 저항할 수 있는 능력, 배고픔, 그리고 미래와 연결되는 생식기관까지 필요한 모든 것을 가지고 있다. 마찬가지로 우리는 우리가 하는 모든 일에 우리 자신의 모든 것을 쏟아붓는다.

신이 어디에나 존재한다는 것은 작은 식물과 거미줄에서도 신을 찾을 수 있다는 것을 의미한다. 우주의 모든 가치는 작은 부분

하나하나에 반영되어 있다. 선이 있는 곳에는 악도 있고, 매력이 있는 곳에는 반발도 있으며, 힘이 있는 곳에는 한계가 있는 법이다. -〈보상(Compensation)〉

손가락으로 풀잎을 잡고 그 좁은 길을 내려다보면 작은 시야에 온 세상, 창조의 전체 파노라마가 펼쳐진다. -미하일 불가코프(러시아 소설가, 극작가)

자연의 리듬에 내 심장을 맞춰라

둥근 세상은 아홉 겹의 미스터리로 싸여 있어 아름답기 그지없다. 가장 현명한 사람도 그 핵심의 작동을 설명할 수 없지만, 자연의 리듬에 맞춰 심장을 조율하면 동쪽에서 서쪽까지 모든 것이 분명해진다.

모든 생명체 안에 있는 영혼은 비슷한 영혼을 소리쳐 부르고, 우주 속의 모든 개개의 부분은 자체의 빛을 밝혀 그것이 완수해야 할 운명적 미래를 암시해 준다. -〈자연(Nature)〉

하늘의 틈새로 어둠을 들여다보며 땅을 내려다보는 별들은 밤의 이마에 불멸의 비밀을 써 내려간다. -자코모 레오파르디(이탈리아 시인)

들판을 걸으면 완벽한 행운을 느낀다

해 질 무렵, 흐린 하늘 아래 눈웅덩이를 밟으며 탁 트인 들판을 걸으면 특별한 행운을 누리는 생각을 하지 않고서도 완벽한 행복감을 느꼈다. 너무 행복해 겁이 날 정도였다. –〈자연(Nature)〉

우리 저기로 가서 영혼을 초대하자. 모험은 집에서 뛰쳐나가는 것으로 시작된다. –라이너 마리아 릴케(보헤미아 태생의 독일 시인)

자연은 살아 있는 언어다

자연은 언어와 같아서, 우리가 자연의 새로운 것을 배울 때에는 새로운 단어를 배우는 것과 같다. 하지만 자연은 사전에서 찾아볼 수 있는 죽은 언어가 아니다. 자연은 살아 있기에 모든 곳에 의미가 가득하다. 나는 문법을 아는 것이 아니라, 그 안에 쓰인 거대한 인생의 책을 이해할 수 있도록 이 언어를 배우고 싶다. –〈자연(Nature)〉

자연을 공부하고, 자연을 사랑하고, 자연과 가까이 지내라. 자연은 결코 당신을 배신하지 않는다. –빈센트 반 고흐(네덜란드 화가)

모든 것은 홀로 존재하는 것이 아니라 서로 연결되어 있다

조화로운 소리의 법칙은 조화로운 색상에서도 다시 나타난다. 화강암은 그것을 마모시키는 강에서 나오는 열의 정도에 따라서만 그 법칙이 달라진다. 흐르는 강은 그 위를 움직이는 공기와 닮았고, 공기는 부드러운 움직임으로 그 속을 통과하는 빛과 유사하며, 빛은 공간을 통해 함께 이동하는 열과 같다.

각각의 생물은 다른 생물의 변형에 불과하며, 그들 간의 유사성은 차이점보다 더 크고, 그들의 근본적인 법칙은 하나로서 동일하다. 한 분야의 원리는 자연 어디에서나 적용되며, 한 그룹의 규칙은 자연 전체에 적용된다.

이 통일성은 매우 밀접하게 연관되어 있고, 자연의 숨겨진 층과 같아서 우주적 정신에 그 근원을 두면서 우리의 생각에도 영향을 미친다. 우리가 말하는 모든 진리는 다른 모든 진리를 암시하거나 관련되어 있다. 마치 공 위에 그려진 큰 원과 같아서 가능한 모든 원을 포함하고 있으며, 각각의 원은 비슷한 방식으로 그려질 수 있다. 각각의 진실은 한 각도에서 본 전체 그림과 같지만 무수히 많은 관점을 가지고 있다. –〈자연(Nature)〉

자연 전체는 하나의 통일체이므로 그렇게 이해해야 한다. –알렉산더 폰 훔볼트(독일 지리학자, 탐험가)

자연은 인간을 돕는다

이 놀라운 장식과 고급스러운 안락함, 위로는 광활한 하늘, 아래로는 드넓은 바다, 그리고 그 사이의 단단한 땅은 누가 만들었을까? 별이 가득한 하늘, 변화무쌍한 구름층, 다양한 날씨, 일 년에 네 번 바뀌는 계절은 누가 디자인했을까? 동물, 불, 물, 바위, 식물이 모두 사람을 돕는다. 야외는 인간을 위한 바닥이자 작업 공간, 즐겁게 지내는 장소, 정원, 심지어 잠자리가 되기도 한다. –〈자연(Nature)〉

비교할 수 없을 정도로 수많은 별이 눈부시게 빛나고, 헤아릴 수 없는 에테르가 그 모든 것을 둘러싸고 있다. 이 모든 것에서 영원하고 보편적인 노래가 생겨난다. –아리스토텔레스(고대 그리스 철학자)

별은 매일 밤 우리에게 나타나 경외심을 불러일으킨다

혼자 있는 사람은 별을 바라보아야 한다. 저 먼 세계의 빛은 일

상적인 문제를 뛰어넘어 사람을 고양한다. 마치 별을 통해 사람들이 우주의 장엄함과 끊임없이 연결될 수 있도록 일부러 대기(大氣)를 맑게 만든 것 같다. 도시의 거리에서 관측할 수 있는 별의 장엄함은 부인할 수 없다! 별이 천 년에 한 번만 보인다면 사람들은 경외심을 가지고 경배하면서 그 신성한 광경에 대한 기억을 여러 세대에 걸쳐 간직할 것이다. 하지만 이 아름다운 전령들이 매일 밤 나타나 부드러운 미소로 하늘을 밝히기 때문에 우리는 그들을 간과한다. –〈자연(Nature)〉

발아래를 내려다보지 말고 호기심을 갖고 별을 올려다보라. –스티븐 호킹(영국 이론물리학자)

세상은 어디든 아름답다

눈이 내리고, 물이 흐르고,

새가 날고, 석양에 낮이 밤을 만나고,

하늘에 구름이나 별이 떠 있고,

사물이 합쳐지고, 천상이 열리고,

위험과 경이로움, 사랑이 있는 곳,

그 어디에서든 아름다움, 비와 같은 풍요로움이 당신에게 주어지니,

세상 어딜 가더라도

아름답지 않거나 가치 있지 않은 곳이 없다. –〈시인(The Poet)〉

아름다움은 보는 사람의 눈 속에 있다. –마가렛 울프 헝거포드(아일랜드 소설가)

어린아이의 눈으로 자연을 바라보라

솔직히 말해 어른치고 자연을 제대로 관찰하는 사람은 거의 없다. 대부분은 태양도 똑바로 바라보지 않고, 그저 건성으로 눈길만 줄 뿐이다. 태양은 어른의 눈에는 그저 빛을 비출 뿐이지만 아

이들에겐 눈뿐만 아니라 심장까지 파고든다. 자연을 사랑하는 사람은 내적 감각과 외적 감각이 조화를 이루고, 어릴 적의 영(靈)을 성인이 되어서도 간직한다. 그런 사람은 하늘, 땅과의 교감을 일용 양식으로 생각한다. 자연을 마주하면 아무리 슬픔이 있어도 야생의 기쁨이 내면을 관통한다. –〈자연(Nature)〉

자연의 손길 하나로 전 세계가 하나가 된다. –윌리엄 셰익스피어(영국 극작가)

자연은 인간 내면과 통한다

나는 무한하고 영원한 아름다움을 사랑한다. 나는 야생에서 도시나 마을에서보다 더 소중하고 원천적인 무언가를 발견한다. 특히 하늘과 땅이 만나는 평화로운 풍경 속에서 자신의 본질만큼이나 아름다운 것을 보게 된다. –〈자연(Nature)〉

나는 숲으로 들어갔다. 삶의 목적을 가지고 살고 싶었고, 삶에서 정말 중요한 것들에 집중하면서 그것들로부터 배울 것이 있는지 알고 싶었고, 인생의 끝자락에서 내가 참다운 삶을 살지 않았다는 후회에 휩싸이지 않기 위해서였다. –헨리 데이비드 소로(미국 사상가)

자연 속에서는 나 또한 신성하다

숲속에서 사람은 뱀이 허물을 벗듯 세월을 벗어던지고, 인생의 어느 시기에나 항상 어린아이이다. 숲속에서는 영원한 젊음이다. 하나님의 농장 안에는 예의와 신성함이 지배하고 연중 축제가 열리지만, 손님은 천 년이 지나도 질리지 않는다. 숲속에서는 이성(理性)과 믿음으로 돌아간다. 그곳에서 나는 내 눈이 보이는 한 삶의 문제들, 즉 수치나 재앙으로부터 안전하다고 느끼는데, 이는 자연이 모든 것을 고칠 수 있기 때문이다.

맨땅에 서서 상쾌한 공기에 둘러싸여 끝없는 하늘을 바라볼 때, 모든 이기적인 생각이 사라진다. 나는 맑은 눈처럼 되어 아무것도 아닌 동시에 모든 것이 되어 그 모든 것을 본다. 온 우주의 에너지가 나를 통해 흐르고, 나는 신성한 무언가의 일부가 된다. –〈자연(Nature)〉

자연은 우리에게 삶의 의미와 목적을 가르쳐 주며, 우리에게 삶을 더욱 풍요롭게 살아가는 방법을 제시한다. –헨리 데이비드 소로(미국 사상가)

자연은 영혼의 색깔을 입고 있다

즐거움을 만들어 내는 힘은 자연에 있는 것이 아니라 인간 또는 양자 간의 조화에 있다. 이러한 즐거움은 매우 절제해 사용해야 한다. 왜냐하면, 자연은 항상 휴일 복장으로 속이는 것이 아니라, 어제는 요정들이 장난을 치라고 향기를 내뿜으면서 반짝이던 장면이 오늘은 우울함으로 뒤덮여 있기 때문이다.

자연은 항상 영혼의 색깔을 입고 있다. 힘든 시기를 겪고 있는 사람에게는 따뜻한 불의 온기조차 슬프게 느껴질 수 있다. 그리고 가까운 친구를 잃은 사람에게는 풍경의 아름다움이 덜 중요해 보일 수 있다. 하늘은 지금은 덜 중요해 보이는 세상에 걸쳐 있어

그다지 웅장해 보이지 않는다. -〈자연(Nature)〉

지구는 우리가 조상에게 물려받은 것이 아니라 후손에게 빌려 쓰고 있다. -미국 격언

사람은 자신을 표현하는 방식에 달려 있다

자연은 그것을 사랑하는 사람들에게 더욱 아름답게 보이는데, 이는 사람들이 시인도 동시에 자연의 아름다움을 보고 있다고 생각하기 때문이다. 시인은 자신의 진실과 예술성 때문에 주변 사람들과 떨어져 있지만, 결국 모든 사람이 자신의 작품에 끌릴 것이라는 생각에 위안을 얻는다. 이는 모든 사람이 진실에 의존하고 자신을 표현할 필요가 있기 때문이다. 사랑이든, 예술이든, 탐욕이든, 정치이든, 일이든, 놀이이든, 우리는 모두 말하기 어려운 것들을 공유하려고 노력한다. 사람은 절반만 완성된 존재이며, 나머지 절반은 자신을 어떻게 표현하느냐에 달려 있다. -〈시인(The Poet)〉

아름다움이 진리이고, 진리가 아름다움이다. 이것이 너희가 지상에서 아는 전부이며, 너희가 알아야 할 전부이다. -존 키츠(영국 시인)

자연은 자연스럽게 자신의 목적을 드러낸다

각 사람이 처한 삶의 상황은 그들이 던질 수 있는 질문에 대한 상징적인 대답으로 작용한다. 사람은 이러한 답을 진리로 이해하기 전에 일상생활에서 실천한다. 마찬가지로 자연은 그 형태와 자연스러운 성향을 통해 이미 자신의 목적을 드러낸다. –〈자연(Nature)〉

자연은 아름다울 뿐만 아니라 교훈을 준다. 인간은 연구와 사색을 통해 자연으로부터 많은 것을 배운다. –마르쿠스 툴리우스 키케로(고대 로마 시대의 정치인, 철학자)

아름다움은 신의 축복이다

아름다움은 신이 주신 서명(署名)이므로
아름다운 것을 볼 기회를 놓치지 말라.
여행 중에 발견한 성스러운 순간을 놓치지 말라.
모든 매력적인 얼굴, 모든 맑은 하늘,
모든 사랑스러운 꽃에서 아름다움을 받아들이고
이 모든 순간을 하나님이 주신 축복의 잔으로 인정해 감사하라.
–〈자연(Nature)〉

우리는 어디를 둘러보아도 하나님의 손길이 빚어낸 찬란한 아름다움을 볼 수 있다. –조지 워싱턴 카버(미국 식물학자)

작은 움직임이 우주 운동의 근본이다

우리에게 물질과 약간의 움직임만 제공하면 우주를 창조할 수 있다. 물질만으로는 충분하지 않다. 모든 것을 움직이게 하고 바깥으로 밀어내는 힘과 안쪽으로 끌어당기는 힘 사이의 균형을 만들기 위해서는 하나의 충동, 즉 작은 움직임이 필요하다. 그 행동의 결과는 끝이 없다. 이 처음 밀기의 영향은 멈추지 않고 우주의 모든 부분으로 계속 퍼져 나가 모든 물체와 그 안에 있는 모든 작

은 입자에 영향을 미친다. –〈자연(Nature)〉

우리는 우리가 서서히 이해하기 시작한 법칙에 따라 펼쳐지는 우주의 일부이다. –칼 세이건(미국 천문학자)

영(靈)은 창조의 원천이다

사색하며 강을 바라볼 때 만물이 끊임없이 변화한다는 것을 깨닫지 못하는 사람이 있을까? 돌을 강물에 던졌을 때 생기는 물결은 모든 행동의 영향을 상징한다. 사람들은 개별적인 존재 너머에 정의, 진리, 사랑, 자유 같은 개념이 출현해 빛을 발하는 기반인 보편적인 본질이 있다고 느낀다. 이 본질을 이성(理性)이라고 하는데, 이성은 어느 한 사람의 것이 아니라 우리 모두의 것이다. 우리의 사적인 삶이 자리 잡고 있는 맑고 고요하고 푸른 하늘은 이성(理性)을 상징하며, 평화롭고 영원한 별들은 이성의 완벽한 이미지이다.

우리가 지적인 측면에서 바라볼 때 이성이라고 하는 것은 자연과 관련지었을 때는 영(靈)이라고 부른다. 영은 그 자체로 생명을 지닌 창조의 원천이다. 인류는 역사와 문화 전반에 걸쳐 이 영

을 인식해 왔고, 인간의 언어로 '아버지'라 부르기도 한다. –〈자연(Nature)〉

밝은 세상으로 나가 자연이 당신을 안내하고 교육하도록 내버려 두라. –윌리엄 워즈워스(영국 시인)

예술은 인간의 창의성으로 걸러진 자연이다

누구나 세상의 모습에 어떤 식으로든 감동을 받고, 어떤 사람들은 그 속에서 기쁨을 찾는다. 아름다움에서 기쁨을 찾는 이 감정을 우리는 취향이라고 부른다. 어떤 사람들은 아름다움에 대한 열정이 너무 커서 단순히 아름다움을 좋아하는 것을 넘어 새로운 형태를 만들고 싶어 한다. 이렇게 아름다움을 만드는 행위를 예술이라고 한다.

예술이 창조되면 인간을 복잡하게 만드는 요소를 더 잘 이해할 수 있다. 예술은 세상을 단순화한 요약본과 같다. 예술은 자연을 더 작은 형태로 보여 주기 위한 것이다. 자연은 끝없이 다양하지만 예술은 그것을 하나의 독특한 형태로 표현한다. 자연은 비슷하면서도 독특한 모양으로 가득 차 있다. 나뭇잎, 햇살, 경치, 바다 등 모든 자연은 우리에게 비슷한 감정을 불러일으킨다. 이러한 요소들의 공통된 특성, 즉 완벽함과 균형이 바로 자연을 아름답게 만드는 요소이다.

우리가 아름다움을 판단하는 방식은 자연의 모든 형태를 전체적으로 살펴보는 것이다. 이탈리아 사람들은 아름다움을 '하나 속의 다수(多數)'라고 부른다. 혼자만으로 아름다운 것은 하나도 없고, 모든 사물이 함께 모여 있을 때만 아름다움이 만들어진다.

사물의 아름다움은 그것이 세상의 전반적인 아름다움을 얼마나 잘 반영하느냐에 달려 있다. 시인, 화가, 조각가, 음악가, 건축가를 포함한 예술가들은 자신의 작품에 이 아름다움을 포착하고자 한다. 그들의 창작 열정은 이 아름다움에 대한 사랑을 표현하고자 하는 욕구에서 비롯된다. 따라서 예술은 인간의 창의성을 통해 걸러진 자연이다. 그것은 자연의 아름다움을 사랑하고 감상하는 누군가에 의해 재구성되고 표현되는 방식이다. –《삶의 행위(The Conduct of Life)》

예술은 아름다움의 과학이다. –레오나르도 다 빈치(이탈리아 화가, 조각가, 발명가)

자신을 아는 것이 자연을 아는 것이다

하늘 아래 어린 학생에게는 그와 세상이 같은 근원에서 나온 것처럼 보인다. 그는 마치 자신이 나뭇잎이고 세상이 꽃인 것처럼 모든 것과의 연결성을 느낀다. 그는 이 근원이 자신의 가장 깊은 부분인지 궁금해한다. 이런 생각이 너무 대담하거나 이상하게 느껴질 수 있다. 그러나 그가 세상을 더 많이 이해하고 자신의 영혼을 소중히 여길 때, 우리가 현재 알고 있는 지식은 단지 시작에 불과하다는 것을 알게 될 것이다. 그는 더 많은 것을 배우기를 고대할 것이다. 그는 자연과 영혼이 서로에게 거울과 같은 존재임을 알게 될 것이다.

자연의 아름다움과 법칙은 그 자신의 마음과 같다. 자연은 그에게 그가 얼마나 알고 있는지 알려 준다. 그가 자연을 덜 알수록 그는 자신을 덜 알게 된다. 결국 "너 자신을 알라"는 옛 충고와 "자연을 연구하라"는 새로운 충고는 같은 말이다. –〈미국 학자(The American Scholar)〉

한 사람의 삶을 철저히 안다는 것은 인간을 아는 것이다. –표도르 도스토옙스키(러시아 소설가)

자연은 자신의 비밀을 밝혀낼 손길을 고대하고 있다

사람은 자연과 연결되는 중심으로서, 액체든 고체든 유형이든 원소든 모든 것과의 연결을 확장한다. 지구가 자전하고 모든 흙과 바위 조각이 정오가 되면 태양 바로 밑으로 이동하는 것과 마찬가지로 신체의 모든 부분, 모든 행동, 모든 화학 물질, 모든 결정, 모든 먼지가 마음과 연결되어 있다. 시간이 걸리겠지만 결국 모든 것은 연결의 순간을 맞이하게 되어 있다.

각각의 식물에는 기생충이 있고, 각각의 창조물에는 연인과 시인이 있다. 증기, 철, 목재, 석탄, 자철광, 요오드, 옥수수, 면화에 대한 정의(定義)는 이미 내려졌지만, 예술에 사용되지 않은 재료

는 얼마나 많은가! 많은 생명체와 특성은 여전히 숨겨진 채로 우리의 손길을 기다리고 있다.

마치 동화 속 마법에 걸린 공주처럼 자연의 모든 것은 특정 사람이 그 비밀을 풀기만을 기다리고 있는 것처럼 보인다. 사람들이 그 비밀을 완전히 이해하고 활용하기 위해서는 각각의 비밀이 마술에서 풀려나야 한다. 발견의 역사에서 보면, 밝혀질 준비가 된 진실은 그것을 발견할 적절한 사상가가 출현하는 것과 같다.
–〈위인(Representative Men)〉

사막이 아름다운 이유는 사막 어딘가에 우물이 숨어 있기 때문이다. –앙투안 드 생텍쥐페리(프랑스 비행사, 소설가)

세상은 균형을 이룬다

우주는 살아 있고, 그 속의 모든 것은 도덕적이다. 우리 안에는 감정이 있고, 우리 밖에는 법이 존재한다. 우리는 그 영감을 느끼며 역사 속에서 그 치명적인 힘을 볼 수 있다. "그것은 세상에 있고, 세상은 그것에 의해 만들어졌다."

정의는 늦어지는 법이 없다. 완벽한 공평은 삶의 모든 부분에서 그 균형을 잡는다. 신의 주사위는 항상 던져진다. 세상은 곱셈표나 수학 방정식처럼 보이는데, 어떻게 하든 저절로 균형이 잡힌다. 당신이 원하는 숫자를 선택하면 그 정확한 값은 더 많지도 적지도 않게 당신에게 돌아간다.

조용하고도 확실하게 모든 비밀이 알려지고, 모든 범죄가 처벌되고, 모든 미덕이 보상되고, 모든 잘못이 시정된다. 우리가 보복이라고 부르는 것은 부분이 나타나면 전체가 나타나는 보편적인 필연성이다. 연기가 보이면 반드시 불이 있는 법이다. 손이나 팔다리가 보이면 그것이 속한 몸통이 뒤에 있다는 것을 알게 된다.
– 〈보상(Compensation)〉

자연의 법칙은 절대자의 의지이다. – 토머스 제퍼슨(미국 3대 대통령)

자연의 아름다움과 경이로움

이런 기후에서도 일 년 중 거의 모든 것이 완벽해 보이는 날이 있다. 공기, 하늘, 땅이 모두 조화를 이루어 마치 자연이 우리를 친절하게 대하는 것처럼 느껴진다. 요즘 같은 날에는 추운 지역에서도 플로리다나 쿠바처럼 화창한 곳에서 최고의 순간을 즐기고 있는 것 같은 기분이 든다. 살아 있는 모든 것이 만족스러운 표정을 짓고, 땅바닥에 누워 있는 가축들도 평화로운 생각에 잠긴 듯 보인다.

인디언 서머(Indian Summer)라고 불리는 10월의 청명한 날씨에는 이런 완벽한 날을 더욱 자신 있게 기대할 수 있다. 넓은 언덕과 따뜻한 들판 위로 하루가 끝없이 펼쳐진다. 햇살 가득한 시간을 보내는 것만으로도 일생일대의 시간을 보내는 것처럼 느껴진다. 외딴곳에서도 그다지 외롭지 않다. 도시 생활에 익숙한 사람이라면 무엇이 중요하고 사소한지, 무엇이 현명하고 어리석은지 평소에 내리는 판단을 숲 가장자리에 내려놓아야 한다. 이러한 자연 공간에 발을 들여놓는 순간 일상과 습관의 부담이 사라진다. 이곳에서 환경의 신성함은 우리의 종교적 관행을 덜 중요하게 만들고, 자연의 진정성은 우리가 찬양하는 영웅들을 무색하게 만든다.

자연은 다른 모든 측면을 무색하게 만드는 궁극적인 힘으로 등장해, 신성한 존재가 그러하듯 자신의 영역에 들어오는 모든 것을 판단한다. 우리는 비좁고 혼잡한 집에서 나와 밤과 아침을 맞이하면서 매일 우리를 감싸는 장엄한 아름다움을 발견한다. 우리는 우리를 제한하는 장벽, 즉 복잡함과 지나친 생각에서 벗어나 자연이 진정으로 우리를 사로잡을 수 있기를 갈망한다. 숲으로 들어오는 부드러운 빛은 마치 아침이 계속되는 것처럼 느껴지게 하면서 영감과 용기를 불러일으킨다.

오랫동안 숲과 함께해 온 마법이 서서히 우리에게 영향을 미친다. 소나무, 솔송나무, 참나무의 줄기가 우리의 눈에 마치 금속처럼 빛난다. 나무의 심오한 침묵은 우리가 사소한 일상을 버리고 그들과 함께 시간을 초월한 존재감에 빠져 살도록 설득하기 시작한다. 역사, 종교, 정부의 손길이 닿지 않은 이곳에서는 신성한 하늘이나 끝없는 세월을 가로막는 것은 아무것도 없다.

우리는 새로운 풍경과 수많은 생각에 사로잡혀, 눈앞에 펼쳐지는 풍경 속으로 계속 걸어 들어가다 보면 어느새 집 생각이 점점 사라져 버린다. 그 순간의 압도적인 존재감은 모든 기억을 지워 버리고, 우리는 자연의 장엄함에 완전히 이끌려 그 아름다움과 힘에 압도당하는 자신을 발견하게 된다. –〈자연(Nature)〉

길 없는 숲에서 발견하는 기쁨과 고독한 해안에서 느끼는 깊은 행복이 있다. 아무도 없는, 깊은 바다와 파도가 음악처럼 울려 퍼지는 그곳에서는 일종의 교감이 느껴진다. 인간에 대한 나의 사랑은 줄어들지 않았지만, 자연을 사랑하는 마음은 더욱 커졌다. –조지 고든 바이런(영국 시인)

3장

비상하는 길

나는 내 운명에 불평하지 않겠습니다.
주님의 땅에서 움츠러들지 않겠습니다.
오직 감사하는 마음으로
주께서 보내시는 모든 것을 받아들이겠나이다.

성공을 믿는 사람이 성공한다

성공할 수 있다고 믿는 사람이 실제로 성공하는 경우가 많다. 한 번 어떤 일을 해 본 사람은 두려움 없이 다시 시도할 가능성이 높다. 말을 잘 아는 기수는 말이 점프를 좋아하더라도 안전하게 탈 수 있다. 경험이 풍부한 군인은 포탄이 어디서 날아오는지 알기 때문에 피할 수 있다. 단순한 사명감보다 경험이 더 나은 군인을 만든다. 위험에 익숙해지는 것이 위험을 더 잘 아는 데 도움이 되기 때문이다. 그는 상황이 얼마나 위험한지 알고 지레짐작으로 겁먹지 않는다. 또한 전사하는 모든 병사는 적군에게 그의 몸무게만큼 납을 소모하게 만든다는 삭스 원수(Marshal Saxe)의 룰을 이해하게 된다. –〈사회와 고독(Society and Solitude)〉

의심은 실패보다 더 많은 꿈을 앗아간다. –수지 카셈(미국 시인, 저술가)

위대한 인물을 찾아라

위대한 사람을 믿는 것은 자연스러운 일이다. 어린 시절의 친구가 영웅이 되거나 왕족의 지위에 오른다 해도 우리는 놀라지 않을 것이다. 모든 신화는 반신반인(半神半人)으로 시작된다. 신화는 웅장하고 시적인 아이디어인데, 이는 그들의 뛰어난 능력이 가장 중요하다는 것을 의미한다. 고타마(석가모니)에 관한 이야기에서 최초의 인간은 땅을 먹었는데, 그것이 놀랍게도 달콤했다고 한다.

자연은 진정으로 뛰어난 사람들을 위해 설계된 것처럼 보인다. 선한 사람들의 고결함은 세상을 지탱할 수 있는, 더 나은 곳으로 만든다. 그런 사람들과 함께 사는 특권을 가진 사람은 더 행복하고 성취감 있는 삶을 경험한다. 우리는 주로 그런 뛰어난 사람들을 믿으며, 그들과 함께하기 때문에 삶이 즐겁고 견딜 만하다. 우리는 심지어 자녀와 재산에 그들의 이름을 붙이기도 한다. 그들

의 이름은 우리 언어에 통합되어 있고, 그들의 업적과 모습은 우리 집을 가득 채우고 있으며, 일상적인 사건들은 그들에 관한 이야기를 상기시켜 주기도 한다.

위대함을 추구하는 것은 젊은이들의 꿈이자 어른들의 진지한 노력이다. 우리는 위인들의 작품을 보거나 그들의 모습을 엿보기 위해 해외로 여행을 떠나기도 한다. 그런데 우리는 행운을 만나게 되는 경우가 많다. 영국인은 실용적이고, 독일인은 친절하며, 발렌시아는 날씨가 좋고, 새크라멘토의 언덕에는 금이 있다는 말이 들린다. 하지만 나는 편안하고 부유하며 인심 좋은 사람들을 만나거나, 화창한 하늘을 즐기거나, 비싼 금을 모으기 위해 여행을 떠나지 않는다. 부유하고 힘 있는 사람들이 사는 곳을 직접 찾을 수 있는 방법이 있다면, 나는 가진 모든 것을 팔아 마련한 돈으로 필요한 지도를 사서 당장 여행을 떠날 것이다. –〈위인(Representative Men)〉

평균에 안주하지 말라. 매 순간 최선을 다하라. 그러면 실패하든 성공하든, 적어도 당신이 가진 모든 것을 쏟아부었다는 것을 알 수 있다. 우리는 우리 안에 있는 최고의 삶을 살아야 한다. –앤절라 배싯(미국 영화배우)

의지력이 강한 사람이 곧 영웅이다

자연에서 가장 강력하고 영향력 있는 힘은 인간의 의지이다. 많은 사람은 의지력이 부족하기 때문에 약하고 종속적인 것처럼 보이며, 이로 인해 그들은 영웅과 종교를 원한다. 올바른 길은 하나뿐으로, 진정한 영웅은 이 길을 명확하게 보고 일념으로 추구하며, 이를 통해 세상 사람들의 지지를 얻는다. -《삶의 행위(The Conduct of Life)》

평범과 비범의 차이는 아주 조금 더 하느냐의 여부로 결정된다.
-지미 존슨(미국 풋볼 감독)

전통에 의문을 제기하는 것은 더욱 성숙한 사람이 되기 위한 자연스러운 과정이다

학생다운 접근 방식은 사회 집단이 일반적으로 좋다고 생각하는 것들에 의문을 제기하는 것이다. 회의론자는 사원을 완전히 거부하는 것이 아니라 사원에 들어가기를 기다리는 사람과 같다. 사회 집단은 있는 그대로의 것을 선호하고 의문을 제기하는 것을 싫어한다. 하지만 전통에 의문을 제기하는 것은 더욱 성숙한 사상가가 되기 위한 자연스러운 과정이다. 그것은 핵심 가치를 유지하면서 변화할 수 있음을 보여 주는 것이다. -〈위인(Representative Men)〉

규범에서 벗어나지 않으면 발전은 불가능하다. -프랭크 자파(미국 음악가)

다른 사람들이 못한다고 해서 왜 내가 못한단 말인가?

우리는 매우 인상적으로 보였지만 결국 인생에서 놀라운 성취를 이루지 못한 젊은이들을 만나게 된다. 그들은 감탄할 정도의 외모와 말투에, 우리 삶의 방식 전체를 경시하는 것 같은 태도로 마치 변화를 가져올 젊은 리더라도 된 듯 사회, 책, 종교에 대해 자신감 있게 이야기한다. 그러나 그들이 사회에 진출해 실제로 직업을 갖기 시작하면 특별한 모습을 잃고 평범해진다. 그들은 현실을 무시하는 이상주의적 꿈에 의존했지만, 이제 현실에서 자신의 원대한 아이디어를 적용하려고 하면 금세 한계에 부딪히게 된다. 그들은 외롭고 낙담한 자신을 발견한다.

이것이 의미하는 바는? 그들이 처음에 가졌던 이상은 여전히 유효하며, 언젠가는 진정으로 자신의 신념에 따라 사는 용기와 진실을 찾을 수 있을 것이다. 사포(Sappho, 고대 그리스 시인), 세비녜

(Sévigné, 소설가), 드 스탈(De Staël, 소설가) 같은 재능과 학식을 갖춘 유명한 역사적 인물과 자신을 비교하며, 그들이 우리의 이상을 이루지 못했다고 해서 자신도 이룰 수 없다고 생각해야 하는 이유는 무엇이란 말인가? 왜 그런 생각을 해야 한단 말인가? -〈영웅주의(Heroism)〉

우리 대부분에게 가장 큰 위험은 목표가 너무 높아 놓치는 것이 아니라 목표가 너무 낮아 도달하지 못한다는 것이다. -미켈란젤로(이탈리아 조각가, 화가)

진정한 승리는 나쁜 시절을 작고 중요하지 않은 것처럼 생각하는 것이다

진정 위대한 사람은 어려움에 쉽게 동요하거나 괴로워하지 않는다. 그들은 매우 침착하고 강하기 때문에 어떤 사건도 그들에게 큰 영향을 미치지 않는다. 사람들은 종종 "내가 어떻게 극복했는지 봐. 내가 얼마나 행복한지 보라고. 내가 이 나쁜 시기를 어떻게 완전히 이겨냈는지 생각해 봐"라고 자랑하곤 한다. 그러나 그들이 계속 그 나쁜 시절을 떠올린다면 그들은 아직 극복하지 못한 것이다. 실제로는 괜찮지 않은데 괜찮은 척하는 것처럼,

과거의 슬픔에 여전히 영향을 받고 있으면서 행복한 척하는 것은 진정한 승리가 아니다.

진정한 승리는 훨씬 더 크고 지속적인 이야기의 거대한 계획에서 잠시 지나가는 구름처럼 나쁜 경험을 작고 중요하지 않은 듯 보이게 만드는 것이다. –〈동심원들(Circles)〉

인성은 편안하고 조용하게 길러질 수 없다. 시련과 고통의 경험을 통해서만 영혼이 강화되고 야망이 고취되며 성공을 이룰 수 있다.
–제임스 프리먼 클라크(미국 신학자)

두려움은 단지 겉으로 보이는 것의 느낌일 뿐이다

용감한 젊은이가 자신을 괴롭히는 세상이라는 거인에 맞서 담대하게 그 턱수염을 잡아 뜯으면, 놀랍게도 턱수염이 손에 쥐어지고, 그저 겁 많은 모험가들을 두렵게 하려고 붙인 것뿐이라는 사실을 알게 된다. –〈신중함(Prudence)〉

두려움에 정면으로 맞서는 모든 경험을 통해 힘과 용기, 자신감을 얻을 수 있다. 할 수 없다고 생각하는 일을 반드시 해내야 한다. –엘리너 루스벨트(미국 32대 대통령 프랭클린 루스벨트의 부인)

인생은 실험이다

자신의 행동에 대해 너무 소심하거나 위축되지 말라. 모든 삶은 실험이다. 실험은 많이 할수록 좋은 것이다. 조금 거칠어져 옷이 더러워지거나 찢어지면 어떡하나? 실패해 몇 번이고 넘어지면 어떡하나? 다시 일어서면 다시 넘어지는 것이 두렵지 않을 것이다. –〈에머슨의 일기〉

실수하며 보낸 인생은 아무것도 하지 않으며 보낸 인생보다 더 명

예로울 뿐만 아니라 더 쓸모 있다. –조지 버나드 쇼(아일랜드 극작가)

가장 명확하게 자신의 통찰을 공유하는 방식은 말이다

선구자는 항상 자신의 비전을 표현할 방법을 찾는다. 때로는 캔버스에 그림을 그리거나, 때로는 돌을 조각하거나, 화강암으로 탑과 복도를 만들어 헌신의 표시를 하는 등 어떤 식으로든 자신의 꿈을 공유하며 큰 행복을 느낀다. 때로는 정의하기 어려운 음악의 형태로 표현하기도 하지만, 가장 명확하고 오래 지속되는 방식으로 자신의 통찰을 공유하는 것은 바로 말이다. –〈시인(The Poet)〉

창조의 욕구는 인간의 정신 안에 있다. –애그니스 마틴(캐나다 태생 미국 화가)

최선을 다하는 자는 어디에 있든 쓰임을 받는다

만약 어떤 사람이 팔 수 있는 좋은 옥수수나 목재, 판자, 돼지를 가지고 있거나, 다른 누구보다 더 좋은 의자나 칼, 도가니, 교회 오르간을 만들 수 있다면, 그의 집이 숲속에 있더라도 넓고 단단하게 다져진 길이 그의 집으로 이어져 있음을 알게 될 것이다. –〈유

명세(Common Fame), 1855년 일기〉

아무도 해결할 수 없는 문제를 해결하면 세상은 당신 집으로 가는 길을 찾게 될 것이다. –출처 미상

열정 없이 성공은 이루어지지 않는다

열정은 성공의 핵심 원동력이다. 어떤 일을 할 때는 최선을 다하고, 자신의 모든 것을 쏟아부어 자신만의 것으로 만들어 보라. 활기차고 활력이 넘치도록 열정적으로 행동하라. 헌신적인 자세를 유지하면 목표에 도달할 수 있다. 열정 없이 큰 성취를 이룬 적이 없다. –〈자기 신뢰(Self-Reliance)〉

우리가 내일을 실현하는 데 유일한 한계는 오늘의 의심일 것이다.

–프랭클린 루스벨트(미국 32대 대통령)

오늘이 최고의 날이다

하루하루가 일 년 중 최고의 날이라고

네 마음에 써라.

하루를 정복하면 부자가 될지니

걱정과 불안에 휩싸이면 하루를 정복할 수 없다.

하루를 마무리하고 내려놓으라.

당신은 최선을 다했다.

의심할 여지 없이 실수와 어리석음도 있었을 테지만 빨리 잊어버려라.

내일은 새로운 시작이다.

어제의 어리석음에 짓눌리지 말고 고양된 정신과 침착함으로 다가서라.

낡은 짐을 뒤로하고 평온한 마음과 비상(飛上)하는 정신으로 새날을 맞이하라.

과거에 대한 걱정으로 시간을 낭비하기엔
희망과 기회로 가득 찬 새로운 날이
너무나 소중하지 않은가. – 〈네 마음에 써라(Write it on your heart)〉

앞서 나가는 비밀은 일단 시작하는 것이다. 시작하는 비밀은 복잡하고 압도적인 작업을 작고 관리 가능한 작업으로 나눈 다음 첫 번째 작업부터 시작하는 것이다. –마크 트웨인(미국 소설가)

자기 자신에게 충실하는 것이 영웅이 되는 지름길이다

진정한 영웅주의는 목표에 충실하는 것이다. 누구나 너그러워지거나 좋은 일을 하고 싶다고 느끼는 순간이 있지만, 그런 감정은 왔다가 사라질 수 있다. 위대한 사람이 되기로 했다면 다른 사람들과 어울리기 위해 굴복하지 말고 자신에게 충실하라. 영웅이 되는 것은 평범하지 않음을 의미하며, 평범해서는 영웅이 되지 못한다. –〈영웅주의(Heroism)〉

위험을 감수할 만큼 용기가 없는 사람은 인생에서 아무것도 성취하지 못한다. –무하마드 알리(미국 권투 선수)

비판과 조롱을 받아도 계속 밀고 나가라

시인이여, 포기하지 말고 계속 나가라.

당신 안에 있는 것이 언젠가는 밖으로 표출될 것이라 확신하라.

힘들어 말을 제대로 하지 못하고, 비판과 조롱에 직면하더라도 일어서 노력하라.

꿈에서 본 내면의 힘과 창의력이 발현될 때까지 계속 밀어붙여라.

이 힘은 마치 거대한 전류의 강을 인도하는 것처럼 놀라운 에너지를 전달해 준다. –〈시인(The Poet)〉

처음부터 좋은 글을 쓰는 것은 아니다. 처음에는 엉터리 글을 쓰면서 좋은 글이라고 생각하다가 점차 나아지는 것이다. –앤 라모트(미국 소설가)

위대함은 우리 본성에 기인한다

위대함은 우리 본성에 매우 가깝고,

하나님이 인간 바로 옆에 계시니,

하나님이 주신 사명이 "너는 해야 해"라고 속삭이면

젊은 그대는 "나는 할 수 있다"라고 대답해야 한다. –〈시(Poems)〉

당신 내면 깊은 곳에는 위대해질 수 있는 잠재력이 숨어 풀려나가길 고대한다. –아라비아 격언

오직 현실에만 충실하라

오늘 믿는 바를 강한 어조로 말하고, 내일은 전날에 말한 모든 것에 어긋나더라도 그때 믿는 바를 그대로 강하게 선언하라. –〈자기 신뢰(Self-Reliance)〉

미래를 예측하는 가장 좋은 방법은 미래를 만들어 내는 것이다. –앨런 케이(미국 컴퓨터 과학자)

쓸모 있는 지식을 습득하라

우리는 학교와 대학에서 짧게는 10년, 길게는 15년 교실에 갇혀 단어를 배우지만, 실제 지식 없이 공허한 말과 단어로 머리를 가득 채운 채 졸업한다. –〈미국 학자(The American Scholar)〉

배우기만 하고 생각하지 않으면 어둡고, 생각만 하고 배우지 않으면 위태롭다. –공자(孔子)

용감한 사람은 자기를 신뢰한다

자기 신뢰는 영웅주의의 본질이다. 그것은 전쟁 중인 영혼의 상태이며, 그 궁극적인 목표는 거짓과 잘못에 대한 마지막 저항이자 악의 세력에 의해 가해질 수 있는 모든 것을 견디는 힘이다. 이것은 항상 진실을 말하고 공정하며, 친절하고 환영하며, 자제력이 있고, 속이 좁음과 업신여김당하는 것을 경멸한다. 계속해 나아가고 두려움이 없으며 지치지 않는 용기를 가지고 있다. 일상의 사소함에서 유머를 찾는다.

건강과 부를 맹목적으로 숭배하는 거짓된 신중함은 영웅주의의 조롱과 웃음거리다. 플로티누스(Plotinus, 고대 그리스 철학자)가 느꼈

던 것처럼 용감한 사람은 육체적인 것에 지나치게 신경 쓰는 것을 수치스러워한다. 사탕, 간단한 게임, 외모에 대한 걱정, 칭찬하기, 싸움, 카드놀이 등 사회에서 사람들이 많은 관심을 쏟는 사소한 일들을 용감한 사람들은 어떻게 생각할까? –〈영웅주의(Heroism)〉

용기가 항상 포효하는 것은 아니다. 때로는 하루를 마무리하며 "내일 다시 해 볼게"라고 말하는 조용한 목소리도 용기가 될 수 있다. –메리 앤 래드매처(미국 저술가, 시인)

천재는 진실에 충실하다

현대 과학은 가장 단순한 구조가 가장 복잡한 구조에서 비롯된 경우가 많다는 것을 가르쳐 준다. 인간은 가장 복잡한 존재인 반면, 바퀴벌레와 같은 생물은 훨씬 단순하다. 우리는 고대와 현대의 방대한 유산으로부터 혜택을 얻는 법을 배운다. 괴테는 용기를 내어 역사의 모든 시대가 똑같이 중요하며, 어떤 시대의 도전도 용기가 부족한 사람에게는 좌절일 뿐이라고 말했다.

천재성은 가장 어둡고 고립된 시대에도 언제나 가까이에서 빛과 영감을 선사한다. 그 어떤 법적, 사회적 제약도 사람이나 시대 정신을 진정으로 제한할 수 없다. 세상은 여전히 젊고 활기찬 것으로 가득하며, 과거의 위대한 인물들은 여전히 우리에게 따뜻하게 말을 건네고 있다. 그들이 그랬던 것처럼, 우리도 영적인 것과 지상의 것을 다시 연결하는 작품을 만들기 위해 노력해야 한다.

천재성의 본질은 거짓을 거부하고 진실에 충실하며, 예술, 과학, 책, 사람 등 모든 것에 성실과 목적을 요구하는 것이다. 우리의 주된 의무는 모든 진리를 삶의 모든 측면에 적극적으로 적용함으로써 모든 진리를 존중하는 것이다. –〈위인(Representative Men)〉

우주의 비밀을 찾고 싶다면 에너지, 주파수, 진동의 관점에서 생각해 보라. –니콜라 테슬라(크로아티아 태생 미국 발명가)

위대한 사람은 대중의 필요를 남다른 통찰력과 능력으로 충족시킬 줄 안다

위대한 사람을 더욱 돋보이게 하는 것은 폭넓은 지식과 경험이지 완전히 독창적인 능력에 있는 것이 아니다. 독창적이라는 것이 거미가 거미줄을 치듯 완전한 무에서 무언가를 창조하는 것을 의미한다면, 위대한 사람은 진정으로 독창적이지 않다.

남들과 다르다는 것이 독창성을 가치 있게 만들지는 않는다. 영웅은 사람들이 필요로 하는 것을 이해하고 그들의 욕구를 공유하면서 행동의 한가운데로 뛰어 들어가 남다른 통찰력과 능력을 발휘해 필요한 것을 성취한다. 가장 뛰어난 두뇌는 다른 사람들에게 많은 빚을 진다. 시인은 좋은 말을 하기 바라며 떠오르는 대로 아무 말이나 하는 것이 아니라 자신이 사는 시대와 장소에 맞게 심장이 뛰는 사람이다. –〈시인(The Poet)〉

모든 글은 소통의 행위이며, 진공 상태에서 작성된 글은 없다. –로버트 프로스트(미국 시인)

작은 안전이 비겁을 낳는다

겁쟁이는 우리의 시야를 가려 세상을 작은 공간으로 축소하고, 폭주하는 말처럼 진짜 위험을 보지 못하게 한다. 설상가상으로 그것은 우리의 마음을 닫고 우리의 심장을 얼어붙게 한다. 두려움은 가혹하고 옹졸하다. 정치적 테러의 시대는 광기의 시대이자 잔인한 시대이다. 모든 사람의 의견이 왜곡되고, 사회는 혼란스러워지며, 가장 훌륭한 사람이 위험한 인물로 간주된다. 집, 가족, 이웃, 재산, 심지어 약간의 저축한 돈을 가지고 있는 것에서 오는 안전은 종종 존경할 만한 사람들 사이에서 이러한 종류의 두려움을 낳는다.

볼테르는 "정직한 사람들의 큰 불행 중 하나는 그들이 비겁하다는 것이다"라고 말했다. 지역 사회에서 잘사는 사람들로 이루어진 정당 패거리는 얼마나 나약하고 무식한지! 얼마나 무서웠으면 입술이 파랗게 질렸을까! 그들은 마치 주도권을 신문에 맡긴 것처럼 항상 방어적인 태도를 보이는데, 사실 그런 신문은 강해 보이는 척하지만 대개는 힘없는 여성과 소년들이 글을 쓴다. 그들은 날씨가 좋으면 환호를 보내고, 포스터를 붙이고, 깃발을 흔들며, 투표한다. 하지만 진정으로 부정행위에 맞서고, 거리의 범죄자, 공직의 사기꾼, 부패한 판사를 더는 용납하지 않으려면 강하고 정직한 지도자가 필요하다. 이러한 지도자는 적극적이고 결연한 그룹의 일원이어야 하며, 진정으로 분노하고 변화를 일으킬 준비가 되어 있어야 한다. 보통 우리는 상대방을 반대하는 사소한 비판만을 보게 된다. 우리에게 앞으로 나아가 규칙을 정하는 더 강한 의지가 필요하다. 최근 의회에서 그랬던 것처럼 우리가 진전을 이룰 때는 대개 상대방이 실수했기 때문이지, 우리가 선제적으로 의제를 설정했기 때문은 아니다. –〈사회와 고독(Society and Solitude)〉

편안함은 진보의 적이다. –데이비드 고긴스(미국 트라이애슬론 경기 선수)

4장

가치 있는 삶

시인이 된다는 것은 말할 수 없는 것을 말하고,
보이지 않는 것을 본다는 것이다.
그것은 지구 위에 불을 던지고 어둠을 환하게 밝히는 것이다.
그것은 시간 속에 영원을, 공간 속에 무한을 가져오는 것이다.
그것은 상징의 창조자이자 미스터리의 폭로자가 되는 것이다.

지식이 두려움을 없애 준다

지식을 갖는 것은 두려움을 극복하는 가장 좋은 방법이다. 지식, 경험, 이성은 두려움에 더 잘 대처하는 데 도움이 된다. 군인이 대포나 매복을 두려워하는 것처럼 아이도 계단, 벽난로, 욕조, 고양이를 무서워할 수 있다. 아이와 군인 모두 자신이 처한 상황의 위험을 제대로 이해하고 대처하는 방법을 배우면 두려움을 극복하기 시작한다. 하지만 둘 다 공황에 빠질 수 있는데, 이는 미지의 것에 대한 두려움이 상상을 지배하기 때문이다.

지식은 두려움을 줄이고 자신감을 주는 데 도움이 된다. 우리가 아는 것을 사용할 때, 이 지식을 활용하는 가운데 더욱 자신감을 갖게 된다. –〈사회와 고독(Society and Solitude)〉

아무것도 모르는 사람은 아무것도 두려워하지 않는다. –게오르크 크리스토프 리히텐베르크(독일 물리학자)

경험은 두려움을 사라지게 한다

선원은 돛, 돛대, 엔진을 더 잘 다루는 법을 배우면서 두려움이 줄어들고, 개척자는 좋은 소총을 가지고 정확하게 쏠 수 있게 되면 두려움이 사라진다. 모든 새로운 상황은 선원에게 어떤 행동을 취해야 하는지 알려 준다. 승객에게는 끔찍한 상황으로 보이는 것이 선원에게는 더 많은 일을 의미할 뿐이다. 그는 문제를 해결하고 조정하는 데 시간을 할애한다. 누수, 허리케인, 물벼락에 대처하는 것은 그에게 업무의 일부일 뿐이다. 사냥꾼은 곰, 퓨마, 늑대를 두려워하지 않고, 목장주는 황소를 두려워하지 않으며, 개 사육사는 블러드하운드를 두려워하지 않고, 아랍인은 시뭄(simoom, 모래바람)을 두려워하지 않으며, 농부는 숲에 불이 나도 두려워하지 않는다. 시민에게 산불은 매우 절망적으로 보일

수 있지만, 농부는 산불을 능숙하게 진압할 수 있다. 이웃들은 함께 모여 소나무 가지로 불을 끄고, 괭이로 길고 좁은 도랑을 파서 불이 쉽게 100에이커 이상으로 번지는 것을 막을 수 있다. -〈사회와 고독(Society and Solitude)〉

두려움을 정복하는 사람이 진정으로 인생을 정복할 수 있다. -아리스토텔레스(고대 그리스 철학자)

행운을 기대하지 말고 행동과 노력에 집중하라

운(運)에만 의존하지 마라. 많은 사람은 운에 기대어 큰 위험을 감수하며 엄청난 성공을 바라거나 실패를 두려워한다. 대신 당신이 통제할 수 있는 것, 즉 당신 자신의 행동과 노력에 집중하라. 당신은 열심히 노력함으로써 자신의 성공을 통제할 수 있고, 운의 부침에 걱정할 필요가 없게 된다. 정치적 승리, 임대료 상승, 아픈 사람의 회복, 부재중인 친구의 귀환, 또는 다른 유리한 사건 등으로 인해 기분이 좋아지고, 좋은 날이 당신을 기다린다고 생각할 수 있다. 하지만 그것을 믿지 마라. 당신에게 평화를 가져다 줄 수 있는 것은 오직 당신 자신뿐이다. 당신에게 평화를 가져다 줄 수 있는 것은 원칙의 승리뿐이다. -〈자기 신뢰(Self-Reliance)〉

당신이 지금 있는 곳이 바로 당신이 지금 있어야 할 곳이다. -에크하르트 톨레(독일 태생 캐나다 영성 지도자)

행동 없는 말은 쓸모가 없다

말만 하지 마라. 당신의 행동이 당신의 말과 일치하지 않을 때는 당신의 말이 들리지 않을 정도로 당신의 진짜 모습이 너무 분명하고 크게 드러난다. -〈편지와 사회적 목적(Letters and Social Aims)〉

나는 말에는 관심이 없고 오직 행동에만 관심이 있다. -레흐 바웬사(폴란드 전 대통령)

희망이 이루어지는 날

그들은 광산에서 루비를 가져와
태양에 비춰 보았다.
나는 그것들이 에덴의 술통에서
흘러나온 얼어붙은 와인 방울이라고 말했다.

나는 다시 보았다 -나는 그것들이

친구들도 모르는 친구들의 심장이라는 생각이 들었다.
이웃의 삶을 따뜻하게 해 주어야 할 물결이
반짝이는 돌 속에 갇혀 있다.

하지만 언제 태양이 떠올라
붉은 눈을 녹이고,
마법에 걸린 얼음을 깨뜨리고,
사랑의 진홍색 물결이 흐르게 할 것인가? –〈루비(Rubies)〉

희망은 영혼에 깃든 깃털을 가진 것, 말없이 노래를 부르는 것, 그리고 결코 멈추지 않는 것이다. –에밀리 디킨슨(미국 시인)

항상 감사하라

좋은 일이 있을 때마다 감사하는 습관을 들이고 항상 고맙다는 인사를 건네라. 당신의 성장에 모든 것이 도움이 되었으니 모든 것에 감사해야 한다. –〈자기 신뢰(Self-Reliance)〉

감사는 평범한 일상을 감사로, 일상적인 일을 기쁨으로, 평범한 기회를 축복으로 바꾼다. –윌리엄 아서 워드(미국 목사, 저술가)

인생의 부정적인 면을 보지 않으려고 하다가는 오히려 가혹한 결과를 초래한다

인생은 피할 수 없는 조건으로 둘러싸여 있다. 현명하지 못한 사람은 이 조건들을 피하려고 하고, 이 조건들이 자신을 건드리지 않는다고 자랑하지만, 그 자랑은 입술에 있고 조건들은 그의 영혼에 박혀 있다. 한 영역에서 이러한 문제를 피할 수 있는 사람은 인생의 더 중요한 부분에서 이러한 문제와 마주치게 된다. 겉으로 이러한 문제를 회피한 듯하게 보이는 것은 실제로는 자신의 진정한 자아를 부정하고 자신의 모습에서 도망쳤기 때문이다. 이의 대가는 죽음만큼이나 가혹하다.

삶의 긍정적인 측면과 부정적인 결과를 분리하려는 것은 분명 실패할 수밖에 없기 때문에 올바르게 사고하는 사람이라면 누구도 시도하지 않을 것이다. 하지만 일단 자신이 분리하기로 결심하면 생각이 흐려진다. 이렇게 흐려진 사고는 잠재적인 해를 무시하고 매사 전체를 보지 못하고 매력적인 부분만 보게 만든다. 인어의 머리처럼 매력적인 면만 보고 용의 꼬리처럼 위험한 면은 인식하지 못하게 된다. 그런 사람은 자신이 좋아하는 부분만 유지하고 그렇지 않은 부분은 제거할 수 있다고 착각한다. –〈미국 학자(The American Scholar)〉

행복과 자유는 우리가 통제할 수 있는 것과 통제할 수 없는 것이 있다는 사실을 명확히 이해하는 데서 시작된다. 이를 받아들인 후에야 비로소 평화를 찾을 수 있다. -에픽테토스(고대 그리스 철학자)

위대한 사람도 처음에는 평범한 청년이었다

순박한 젊은이들은 키케로, 로크, 베이컨이 제시한 견해를 받아들이는 것이 의무라고 믿고 도서관에서 성장하면서도, 키케로, 로크, 베이컨이 그 책들을 쓸 당시에는 도서관에 있는 젊은이에 불과했다는 사실을 망각한다. –〈미국 학자(The American Scholar)〉

자신의 역량보다는 권위에 의존하도록 훈련하는 교육은 소심하고 쉽게 겁을 먹는 시민을 양산한다. –하워드 진(미국 역사학자)

남의 눈을 의식하기보다 나 자신에게 진실한 삶을 살아라

내 인생은 살기 위한 것이지 변명하기 위한 것이 아니다. 남에게 보여 주기 위한 삶이 아니라 나 자신에게 진실한 삶을 원한다. 화려하지만 불안정한 삶보다는 단순하고 진정성 있는 삶을 살고 싶다. –〈자기 신뢰(Self-Reliance)〉

학교, 교회, 책에서 듣고 보았던 모든 말과 글을 다시 한 번 살피고, 자신의 영혼을 모욕하는 것은 무엇이든 무시하라. –월트 휘트먼(미국 시인)

교육의 열쇠는 학생 각자가 쥐고 있어야 한다

교육의 비밀은 학생을 존중하는 데 있다. 학생이 무엇을 알아야 하고 무엇을 해야 할지는 당신이 선택하는 것이 아니라 이미 정해져 있는데, 학생만이 자신의 비밀 열쇠를 쥐고 있어야 한다. –〈교육(Education)〉

마음은 채워져야 할 그릇이 아니라 점화되어야 할 불꽃이다. –플루타르코스(고대 그리스 철학자)

가식 너머의 본질을 보라

세상의 가식을 뚫고 본질을 볼 수 있는 사람이 세상의 주인이다. 오해, 낡은 전통, 큰 실수는 당신 자신이 용인하기 때문에 존재할 수 있다. 그것들을 거짓으로 인식하면 이미 문제를 극복한 것이다. –〈자기 신뢰(Self-Reliance)〉

문제는 아무도 보지 못한 것을 보는 것이 아니라, 모두가 보는 것에 대해 아무도 생각하지 못한 것을 생각해 내는 것이다. –에르빈 슈뢰딩거(오스트리아 이론물리학자)

자신이 위대해지는 것에는 다른 사람들의 오해가 따른다

지나치게 일관성을 유지하는 것은 상상 속 괴물을 무서워하는 것과 같다. 일관성은 소인배나 하급 정치인, 사상가, 종교인들이 숭배할 만한 것이다. 진정으로 위대한 사람은 항상 일관성을 유지할 필요가 없다. 차라리 자신의 그림자나 걱정하는 편이 낫다.

지금 당신이 믿는 바를 명확하고 강한 어조로 말하라. 내일은 오늘 말한 모든 것과 반대되더라도 그때 생각하는 바를 말하라. 그러면 사람들이 나를 오해하지 않을까 걱정될 수도 있다. 그러나 오해받는 것이 정말로 나쁜 일인가? 피타고라스, 소크라테스, 예수, 루터, 코페르니쿠스, 갈릴레오, 뉴턴 등 많은 위대한 인물은 오해를 받았다. 살아생전 고귀하고 현명했던 사람들은 모두 어느 시점에서 오해를 받았다. 위대함을 성취하는 일은 종종 오해받는 것을 의미한다. -〈자기 신뢰(Self-Reliance)〉

진정한 지혜는 아무것도 모른다는 사실을 아는 것이다. -소크라테스(고대 그리스 철학자)

자신만의 새롭고 독특한 방식을 찾아라

어울려 살며 서로 속고 속이는 사람들의 기대에 부응하려 하지 말라. 그들에게, 오 아버지, 오 어머니, 오 아내, 오 형, 오 친구, 나는 지금까지 체면을 차리면서 당신들과 같이 살아왔다고 실토하라.

지금부터 나는 진실에 전념할 것이다. 앞으로는 영원한 규칙을 제외하고는 어떤 규칙도 따르지 않을 것임을 확실히 하고자 한다. 자연스러운 친밀감으로 맺어진 약속 외에는 어떠한 약속도 맺지 않겠다. 나는 부모님과 가족을 부양하고 한 아내에게 충실한 남편이 되는 것이 목표이지만, 새롭고 독특한 방식으로 이러한 역할을 수행하겠다. 나는 전통적인 방식에 도전한다. -〈자기 신뢰(Self-Reliance)〉

군중을 따라가 위대함을 이룬 사람은 아무도 없다. -존 우든(미국 농구 감독)

고독을 통해 이상을 펼칠 계시를 얻는다

우리는 정원을 가꾸고, 저녁을 먹고, 아내와 집안일을 의논하지만, 이런 일들은 아무 인상도 남지 않고 다음 주에는 잊힌다. 그러나 모든 사람이 수시로 맞이하는 고독을 통해 새로운 세계를 여행할 때 필요한 건강과 계시를 얻는다.

비웃음도 패배도 신경 쓰지 말고, 지친 심장이여, 다시 일어서라! 세상이 실현하고자 하는 참다운 이상은 천재적인 아이디어를 현실적인 힘으로 바꾸는 것이다. -〈자기 신뢰(Self-Reliance)〉

고독은 젊을 때는 고통스럽지만, 성숙할 때는 달콤하다. –조지 산타야나(스페인 태생 미국 철학자)

일은 자신에게 행복을 가져다주는 최고의 행운이다

인간에게 최고의 행운은 바구니를 만들든, 장검을 만들든, 운하를 건설하든, 조각상을 만들든, 노래를 작곡하든, 자신에게 일자리와 행복을 가져다주는 어떤 일을 하기 위해 태어났다는 것이다. –《삶의 행위(The Conduct of Life)》

과정의 핵심은 당신을 흥분시키는 것에 집중해 시작하는 것이다. –칼 뉴포트(미국 컴퓨터 과학자)

진정성 있게 살면 세상을 명확하게 볼 수 있다

뛰어난 지성인들조차도 다윗, 예레미야, 바울 같은 인물들이 사용한 익숙한 용어로 제시하지 않으면 하나님의 말씀이라도 받아들이기를 주저한다는 점에 주목하라. 우리가 높이 평가하는 문건이나 인물은 극히 적은 수에 불과하다. 우리는 어른이나 선생님이 말하는 것을 외우고 반복하는 아이들처럼 행동하고, 성장하면서 만나는 영향력 있는 어른들의 문구(文句)도 모방한다. 처음에는 정확한 단어를 기억하는 데 집중하지만, 그 진술 뒤에 숨겨진 관점을 이해하기 시작하면서 구체적인 문구를 넘어설 준비를 하고, 필요할 때 자신을 그만큼 효과적으로 표현할 수 있다는 것을 깨닫는다. 진정성 있게 살면 세상을 명확하게 볼 수 있다. –〈자기 신뢰(Self-Reliance)〉

진리는 하나님만이 객관적으로 인식할 수 있는 것이다. –쇠렌 키르케고르(덴마크 철학자)

안락함은 진실의 장벽이다

무엇보다 안락함을 선호하는 사람은 처음 접하는 신념, 철학, 정치적 견해가 부모와 같은 것이라면 금방 받아들이게 된다. 그들은 평화와 혜택, 명성을 얻지만, 그렇게 함으로써 더 깊은 진실을 발견하는 것으로부터는 스스로를 차단한다. –〈지성(Intellect)〉

항상 관심 있는 일을 하면 적어도 후회 없이 죽을 수 있다. –찰스 부코스키(독일 태생 미국 시인)

개혁자는 파괴자처럼 보일 수 있다

우리는 타고난 신봉자이다. 진리, 또는 원인과 결과 사이의 연결만이 우리의 관심사이다. 우리는 모든 사물이 끈에 꿰어져 있다고 확신한다. 세상의 모든 것은 그 끈에 구슬처럼 꿰어져 있고, 사람, 사건, 삶이 그 끈 때문에 우리에게 다가온다고 배웠다. 모든 것이 끈을 따라 지나갔다가 다시 돌아오고, 우리는 그 선의 방향과 연속성을 파악한다. 끈은 없지만 무작위와 혼돈, 무에서 유를 창조하는 재앙, 설명할 수 없는 번영, 바보에게서 영웅이 탄생하고 영웅에게서 바보가 탄생한다는 책이나 진술은 우리를 절망

케 한다. 눈에 보이든 그렇지 않든 우리는 끈이 존재한다고 믿는다. 재능은 위조된 끈을 만들고 천재는 진짜 끈을 찾는다.

우리가 과학자의 말에 귀를 기울이는 이유는 그가 밝혀낸 자연현상의 순서를 예상하기 때문이다. 비순응주의자와 반역자는 현재 정부에 많은 비판을 하지만 자신들만의 정부나 생활 방식의 아이디어를 보여 주지 않는다. 그래서 사람들은 현자가 상상하는 삶과 정부보다는 그다지 흥미롭지 않거나 구식일 수 있더라도 여전히 개혁자 대신 현상 유지자를 지지한다. 이는 개혁자가 새로운 것을 구축하는 것이 아니라 단지 사물을 파괴하려는 것처럼 보이기 때문이다. –〈위인(Representative Men)〉

비평가는 길을 알지만 차는 운전할 수 없는 사람이다. –케네스 피어링(미국 시인)

겁쟁이는 공포를 조장한다

진정으로 용기 있는 사람은 과시하지 않는다. 공포심을 조장하는 사람은 그렇게 함으로써 자신이 겁쟁이라는 것을 고백하는 것과 다름없다. 그들이 공포에 의존하는 이유는 그것이 자신에게

얼마나 강력한지 알기 때문이다. –〈사회와 고독(Society and Solitude)〉

진정한 용기는 두려움을 느끼면서도 해야 할 일을 하는 것이다. –파울루스 파비우스 막시무스(로마 시대 정치인)

재산은 내부에서 벌어지는 현상을 겉으로 드러내 준다

재산은 부채, 신용 시스템과 함께 중요한 역할을 한다. 특히 과부나 고아, 재능이 뛰어난 사람들에게 두려움과 부담을 주는 부채는 사실 중요한 교훈을 주는 엄한 스승이다. 비록 많은 시간을 소모하게 하고 사소해 보이는 걱정으로 사람의 기를 꺾을 수 있지만, 특히 가장 큰 영향을 받는 사람들에게는 매우 중요한 교훈이 된다. 또한, 하루는 사방에 휘날려 흩어졌다가 다음 날에는 땅에 쌓이는 눈에 비유할 수 있는 재산은 시곗바늘이 내부 작동의 결과를 표시하는 것처럼 안에서 벌어지는 현상을 겉으로 드러내는 작용이라 할 수 있다. –〈부(Wealth)〉

부자가 되는 길은 시장에 가는 길만큼이나 단순하다. 즉, 수입보다 한 푼도 더 쓰지 말라. 더 많은 돈을 벌려는 목적 없이 절대 빌리지 말라. –벤저민 플랭클린(미국 발명가, 저술가, 정치가)

꽃과 과일은 언제나 적절한 선물이다

어떤 사람이 갚을 수 없을 만큼 많은 빚을 지고 파산해 법정관리를 신청하고 가진 것들을 매각해야 할지도 모른다는 이야기가 종종 들린다. 하지만 거의 모든 사람에게 영향을 미치는 이 광범위한 재정 문제 때문에 사람들이 크리스마스, 새해, 기타 행사에 선물을 주기 어렵지는 않을 것이다. 선물의 기쁨은 언제나 존재하지만, 정말 귀찮은 것은 빚을 갚아야 한다는 부담감이다. 진짜 어려운 점은 무엇을 선물할지 결정하는 것이다. 누군가에게 선물해야 한다는 사실을 깨달을 때마다 무엇을 골라야 할지 몰라 고민하다가 결정하지 못하는 경우가 많다. 꽃과 과일은 언제나 적절한 선물이다. 특히 꽃은 아름다움이 세상의 모든 실용적인 것보다 더 큰 가치를 지닌다는 사실을 대담하게 선언하기 때문에 더욱 그렇다. 이렇게 활기차고 쾌활한 자연의 면모는 보통의 근엄한 모습과는 극명한 대조를 이루며, 마치 고된 노동의 현장에 들려오는 음악과도 같다.

자연은 우리를 애지중지 키우지 않는다. 우리는 자연의 애완동물이 아닌 자식이기에 구태여 자연이 애정을 표현하지 않는다. 자연의 모든 것은 엄격하고 공정한 법칙에 의해 지배된다. 하지만 이 섬세한 꽃들은 마치 자연이 평소의 엄격함 속에 부드러운 손길로 개입하는 것처럼, 장난기 어린 사랑과 아름다움의 행위처럼 보인다. 사람들은 종종 우리가 아침을 즐긴다고 말한다. 이는 우리가 아침에 속아서가 아니라 우리가 아침을 받을 만큼 중요한 존재라는 암시를 받기 때문이다. 꽃은 우리에게 비슷한 기쁨을 주는데, 꽃은 우리가 그런 사랑스러운 제스처를 받을 만한 가치가 있는지 궁금하게 만들기 때문이다. 과일은 자연산 식품의 절정으로서 상상력을 발휘할 가치를 부여할 수 있기 때문에 선물로도 인기가 높다. 예를 들어, 누군가 나를 100마일이나 떨어진 곳으로 초대하면서 환영의 의미로 좋은 여름 과일 바구니를 제공한

다면, 나는 그 노력과 보상이 잘 어울린다는 느낌을 가질 것이다.
–〈선물(Gifts)〉

선물의 가치는 금전적 가치가 아니라 그 선물에 영감을 준 사랑에 있다. –샤를마뉴 대제(서로마 제국 황제)

익숙한 것들과의 이별

우리는 친구들과 나눈 과거의 익숙한 편안함을 떠나보내는 것을 힘들어한다. 우리는 오랜 친구가 떠날 때, 우리 삶에 더 큰 영향력이 들어올 수 있는 공간이 생긴다는 것을 알지 못한다. 우리는 과거에 집착해 영혼의 무한한 잠재력과 능력을 놓치지 않으려 애쓴다. 우리는 오늘이 어제만큼 의미 있거나 아름다울 수 있다는 사실을 의심한다. 우리는 과거에 갇혀 과거의 것을 그리워하며, 과거의 성취감과 만족감을 느낄 수 있음을 믿지 못한다. 우리는 결코 그만큼 소중하고 달콤하고 사랑스러운 것을 찾을 수 없다고 생각한다. 하지만 지나간 일을 앉아서 애석해하는 것은 무의미하다.

신성한 메시지는 우리에게 "앞으로, 항상 앞으로 나아가라!"고 격려한다. 우리는 옛터를 뒤로해야 한다. 하지만 우리는 새로운 것을 믿지 않으려 하면서, 뒤만 볼 수 있는 동물처럼 계속 뒤를 돌아본다. –〈보상(Compensation)〉

20년 뒤 당신은 당신이 한 일보다는 하지 않은 일 때문에 더 실망하게 될 것이다. –H. 잭슨 브라운 주니어(미국 저술가)

영혼의 말에 귀를 기울여라!

아름다움과 경이로움에 둘러싸인 우리에게 진정으로 어울리는 것은 꿈을 이루기 위해 노력하며, 쾌활함과 용기로 살아가는 것이다. 인간의 삶은 어떤 소설보다도 더 큰 기쁨을 줄 수 있는 궁극적인 이야기이다. 우리의 놀라움을 무디게 하는 표면적인 관습 아래에는 거대한 힘이 숨겨져 있다. 신경학자들은 눈 없이도 볼 수 있는 인간에 경탄하면서도, 눈으로 보는 것의 경이로움은 인식하지 못한다. 현명한 자와 현명하지 못한 자를 구분하는 것은 바로 이 차이, 즉 현명하지 못한 자는 비범한 것에 놀라고 현명한 자는 일상에서 경이로움을 발견한다는 점이다. 많은 것을 받은 우리는 우리를 지탱해 주는 힘을 신뢰해야 하지 않을까? 우리는 다른 길을 따르는 것을 멈추고 미래가 과거만큼이나 좋을 것이라고 확신하면서, 우리를 부드럽게 인도하고 가르치는 영혼의 말에

귀를 기울일 수는 없는 것일까? –〈뉴잉글랜드 개혁자들(New England Reformers)〉

질문하는 것을 두려워하지 말라. 한계를 뛰어넘는 것을 두려워하지 말라. 최대한 많이 배우고 많이 성장하라. –매리언 라이트 에델만(미국 인권 운동가)

관성에 맞서는 사람이 세상의 중심이다

시대의 순탄한 평범함과 초라한 만족을 모욕하고 질책하며, 관습과 거래와 관직에 맞서 모든 역사의 결말인 사실, 즉 사람이 일하는 곳마다 책임감 있는 위대한 사상가이자 행위자가 있다는 사실, 참된 사람은 특정 시대나 장소에 속하지 않고 사물의 중심이라는 사실을 인식시켜야 한다. 그런 사람이 있는 곳에는 자연도 번성한다. –〈자기 신뢰(Self-Reliance)〉

자유롭지 않은 세상에 대처하는 유일한 방법은 당신의 존재 자체가 반역 행위가 될 정도로 절대적으로 자유로워지는 것이다. –알베르 카뮈(프랑스 소설가, 철학자)

성공 여부는 그 사람의 성격에 달렸다

산 위에 서 있을 때는 산 자체만 보인다. 우리는 우리가 움직일 수 있는 것에 생명을 불어넣고, 움직이는 것만 본다. 자연과 책은 그것을 보는 눈에 속한다. 노을을 볼지 훌륭한 시를 볼지는 사람의 기분에 따라 달라진다. 항상 일몰이 있고 항상 천재가 있지만, 자연이나 비평을 즐길 수 있는 고요한 시간은 몇 시간뿐이다.

한 사람의 성공 여부는 그 사람의 성격이나 천부적 성향에 달려 있다. 성격은 모든 것을 함께 묶어 주는 강한 철사줄과 같다. 무관심하거나 결함이 있는 사람에게 운이나 기술이 무슨 의미란 말인가? 어떤 사람이 과거에 영민함이나 분별력을 보여 주었다고 해도, 지금은 의자에 앉아 졸고 있거나, 킥킥거리며 웃거나, 사과하거나, 자기중심에 빠져 있거나, 돈만 생각하거나, 음식을 제대로 먹지 못하거나, 어린 시절에 아이를 낳았다고 해서 무슨 소용이 있단 말인가? –〈경험(Experience)〉

현실에 대한 우리의 인식은 우리의 경험, 신념, 기대에 의해 형성된다. –샤킬 오닐(미국 농구 선수)

5장

사회와 인간관계

친구란 무엇인가요? 내가 물었더니 아버지가 대답했다.
친구란 곁에 있는 사람이라고.
모든 사람이 떠났을 때도 곁에 있어 주는 사람이라고.

친구란 세상이 나를 버렸을 때 나를 찾아오는 사람이다.
친구는 당신의 모든 것을 알고 있으면서도
여전히 당신을 사랑하는 사람이다.
친구는 어둠 속에서도 함께 걷고
해가 떴을 때도 여전히 그 자리에 있는 사람이다.

모든 인간은 서로 이웃이다

나는 결코 귀족이 되지 않을 것이며,

위대한 가문으로 꼽히지도 않을 것이다.

어부와 나무꾼과 농부들이

국가를 구성할 것이다.

숲으로 들어가 나무를 베어

가지를 다듬어 곧게 만들어라.

숲에 가서 나무를 베어

나에게 나무 집을 지어 다오.

사람들을 불러 모으라.

젊은이들과 노인들을,

수확의 들판에서 일하는 자와

머슴과 그를 부리는 자를.

그리고 여기 소나무 관저에서

그들은 통치할 사람을 선택하리라.

필요한 모든 분야에서,

교회와 국가와 학교에서.

보라, 이제! 이 평범한 사람들이
땅과 바다를 다스리고,
태양 아래에서 공정한 법을 만들 수 있다고 상상해 보라.
마치 행성들이 충실하게 자신의 길을 따르는 것처럼. -〈브라마(Brahma)〉

기억하라, 모든 인류는 모든 인류의 이웃이다. -애비게일 애덤스(미국 2대 대통령 존 애덤스의 부인이자, 6대 대통령 존 퀸시 애덤스의 어머니)

안녕을 위협하는 것에 맞서 싸워야 한다

우리 문화에서 인간의 무장이 빠져서는 안 된다. 우리는 적절한 시기에 전쟁 상태에서 태어났으며, 국가와 자신의 안녕을 위해서는 평화의 잡초 속에서 춤을 추지 말고, 경각심을 가지고 침착성을 유지하며 천둥을 무시하거나 두려워하지 않아야 한다는 것을 경고해야 한다. 우리는 자신의 평판과 생명을 손에 쥐고 완벽한 도시인으로서 자기 발언의 절대적인 진실과 행동의 정직성으로 교수대와 군중에 대담하게 맞서야 한다. -〈영웅주의(Heroism)〉

악의 승리를 위해 필요한 유일한 것은 선한 사람이 아무것도 하지 않는 것이다. –에드먼드 버크(영국 정치인, 정치 철학자)

도전하지 않고 친구들 뒤에 숨는 것은 우정이 아니다

모든 인간관계에서 충분히 좋은 사람이 되어야 한다. 친구가 몇 명인지, 그들과 얼마나 즐겁게 대화하는지는 중요하지 않다. 한 명이라도 내가 감당할 수 없는 사람이 있다면 다른 모든 기쁨이 줄어들고 약해진다. 한 가지 도전에서 당장 물러난다면, 다른 친구들 뒤에 숨는 것을 위안으로 삼는다면 참으로 부끄러울 것이다. –〈우정(Friendship)〉

서로 사랑하는 사람들은 싸우지 않는다. 그들은 논쟁한다. -제임스 볼드윈(미국 저술가)

참다운 우정에는 시간이 걸린다

진정한 우정을 위해 조급해서는 안 된다. 수줍음과 무관심은 장벽처럼 보일 수 있지만 실제로는 소중한 관계가 너무 빨리 발전하지 않도록 보호하는 역할을 한다. 우정이 너무 빨리 드러나면 오래가지 못할 수도 있다. 수백만 년에 걸쳐 루비가 만들어지는 느린 과정처럼 인내심을 가져야 한다. 위대한 일은 시간이 걸리고, 산도 솟아올랐다가 스러지는 법이다.

진정한 우정은 충동적인 행동에 주어지는 보상이 아니다. 모든 좋은 것의 핵심인 사랑은 우연한 것이 아니라 온전히 헌신할 가치가 있어야 한다. 친구를 유치한 장난이 아닌, 진지한 마음으로 대해야 한다. 우리는 친구를 전적으로 신뢰하고 그가 가진 인격의 힘을 믿어야 한다. -〈우정(Friendship)〉

자연은 결코 비약하지 않는다. 모든 변화는 점진적이다. -레오나르도 다 빈치(이탈리아 화가, 조각가, 발명가)

위대한 사람은 평판에 신경 쓰지 않는다

우리 자신에 대해, 그리고 우리가 다른 사람들과 어떻게 연결되어 있는지 생각함으로써 위로받을 수 없는 결함이나 취약성은 없다. 자연이 내가 항상 멋져 보이고 결코 바보처럼 보이지 않을 것이라 약속이라도 했단 말인가?

돈에 관대하듯이 자존감에도 관대해지자. 진정한 위대함은 타인의 의견에 신경 쓰지 않는 것이다. 우리는 칭찬받거나 특별히 주목할 만해서가 아니라 자신을 정당화하기 위해 자선한 것을 떠들어댄다. 하지만 다른 사람이 자신의 선행을 나열하는 것을 들으면 알 수 있듯이 그것이 큰 실수임을 알게 된다. –〈영웅주의(Heroism)〉

당신의 불완전함이 당신을 아름답게 만든다. –알리사 니하우스 버거(미국 출판인)

친구를 맞이하는 집은 행복한 집이다

나는 우정을 너무 섬세하게 다루기보다는 강한 용기로 대하고 싶다. 진정한 우정은 유리나 서리처럼 연약하지 않고 우리가 아는 것들 중에서 가장 견고하다. 수년간의 경험을 통해 '우리는 자연이나 우리 자신에 대해 정말로 무엇을 이해하고 있을까?'라는 의문에 사로잡힌다. 인간은 자기 운명의 문제를 해결하기 위해 한 걸음도 나아가지 못했다. 누구나 어리석은 실수를 저지른다. 하지만 친구의 영혼과 깊이 교감하며 얻는 진정한 행복과 평화는 매우 소중하다. 이런 감정은 자연과 사고의 본질이며, 그 외의 모든 것은 그저 껍데기일 뿐이다.

친구를 맞이하는 집은 행복한 집이다! 하루라도 그를 맞이하기 위해 축제용 쉼터나 아치 같은 특별한 것을 만들 가치가 있다. 이 우정의 중요성을 이해하고 그 규범을 존중한다면 사람은 더욱 행복해진다! 이 특별한 유대감에 참여하고 싶은 사람은 올림픽에 출전해 세계 정상의 선수들과 경쟁하는 운동선수와 같다. 시간, 결핍, 위험과 같은 도전이 존재하는 경쟁에 뛰어들어, 어떤 어려움에도 불구하고 자신에게 충실하고 자신의 선함을 지키는 사람만이 승리할 것이다. –〈우정(Friendship)〉

우정이란 시간이 치유할 수 없는 슬픔의 유일한 치료제이다. –세네카(고대 로마 철학자)

참된 인간이 되고자 하는 사람은 잘못된 사회 규범에 따르지 않아야 한다

혼자 있는 조용한 순간에 우리는 어떤 진실의 목소리를 듣지만, 바쁜 세상에 합류하면 그것을 듣기 어려워진다. 사회는 어디에서나 구성원들의 인간성을 억압하는 음모에 빠져 있다. 사회는 모든 사람이 생존에 필요한 것을 갖기 위해 자신의 자유와 개인적 성장을 일부 포기하는 데 동의하는 주식회사와 같다. 사회에서 가장 중요하게 여기는 자질은 어울림이다. 자기 신뢰는 환영받지 못한다. 사회는 진실과 혁신보다 전통과 직함을 선호한다.

참된 인간이 되고자 하는 사람은 이런 사회 규범에 따르지 않아야 한다. 불멸의 명예를 얻고자 하는 사람은 선(善)이라는 이름에 구애받지 않고, 그것이 진정한 선(善)인지를 스스로 탐구해야 한다. 궁극적으로 진정으로 중요한 것은 자신에게 진실한 태도를 유지하는 것이다. 자신에게 정직하고 진실하면 다른 사람의 존경을 받을 수 있다. 젊은 시절 소중한 조언자가 전통적인 종교적 가르침으로 나를 설득하려 할 때 내가 했던 대답이 기억난다. 내가 내면의 목소리에 따라 전통을 따르는 것이 중요한지 물었을 때, 내 친구는 그러한 안내가 긍정적인 것이 아니라 부정적인 힘에서 올 수 있다고 경고했다. 나는 그렇게 느껴지지 않지만, 만약 그것이 사실이라고 해도 내면의 목소리에 따라 나 자신의 길을 가고 싶다고 대답했다.

내가 신성하게 여기는 유일한 법칙은 내 진정한 자아와 일치하는 법칙이다. 선과 악으로 간주되는 것은 상황에 따라 쉽게 바뀔 수 있다. 나에게 진정으로 옳은 것은 내 본성에 맞는 것뿐이고, 잘못된 것은 그것에 어긋나는 것뿐이다. 사람은 모든 반대에 맞서 굳건히 서서 자신만이 영원하고 다른 모든 것은 일시적이고 중요하지 않은 것처럼 행동해야 한다. 우리가 직위, 이름, 대규모 그룹, 오래된 조직에 빨리 굴복하는 것은 부끄러운 일이다. 예의 바르고 말을 잘하는 사람은 나에게 생각보다 많은 영향을 미친다. 그러나 나 자신은 아무리 직설적이더라도 항상 정직한 진실을 말하며 강하고 활기차게 서 있어야 한다. –〈자기 신뢰(Self-Reliance)〉

다수의 편에 서 있는 한, 당신은 생각하지 않는 것이다. 생각을 하고 있다면 아마도 소수에 속해 있을 것이다. –발터 벤야민(독일 철학자)

우정은 영원하고 강력하다

우정은 우리의 영혼이 영원하다는 생각처럼 믿기 어려울 정도로 경이로운 것이다. 우정은 연약하거나 피상적인 것이 아니라 우리 삶에서 가장 믿을 수 있고 강한 부분 중 하나이다. –〈우정(Friendship)〉

친구는 당신을 속속들이 다 알면서도 여전히 당신을 사랑하는 사람이다. –엘버트 허버드(미국 저술가, 철학자)

우정은 영감이다

우정이 주는 영광은 손을 내미는 것도, 친절한 미소도, 동료애의 즐거움도 아니다. 다른 사람이 자신을 믿어 주고 우정을 함께

나누고자 한다는 것을 깨달을 때 오는 영적인 느낌이다. –〈우정(Friendship)〉

진정한 우정은 전혀 고요하지 않다. - 헨리 데이비드 소로(미국 사상가)

친구는 진실하며 나와 평등한 사람이다

친구는 내가 마음을 다할 수 있는 사람이다. 그 앞에서 나는 내 생각을 큰 소리로 말할 수 있다. 나는 사람들이 절대 벗어던지지 않는 가장 밑바닥에 깔린 위선, 예의, 사려 깊음의 가면을 벗어던

지고 하나의 화학 원자가 다른 원자와 만나는 단순함과 온전함으로 대할 수 있는, 너무나 진실하고 평등한 사람과 마주하게 된 것이다. –〈우정(Friendship)〉

우정이란 한 사람이 다른 사람에게 "뭐라고! 너도 그래? 나만 그런 줄 알았는데"라고 말하는 순간에 탄생한다. –C. S. 루이스(영국 소설가)

여자는 의도적으로 비꼬는 듯한 표정을 짓기도 한다

자연은 여성이 남성을 유혹하면서도, "그래요. 나는 내가 당신에게 매력적으로 보이길 바라요. 하지만 지금까지 만난 남자들보다 더 매력적인 남자를 만나고 싶어요"라는 메시지를 담은 것 같은 비꼬는 듯한 표정 짓기를 원한다. –〈아름다움(Beauty)〉

완벽해서 사랑에 빠지는 것이 아니라, 그렇지 않아도 사랑에 빠지는 것이다. –조디 피코(미국 소설가)

위대한 사람은 자신을 인정해 주지 않는 것에 실망하지 않는다

내 말을 듣거나 도움을 받는 사람이 별다른 반응을 보이지 않는다고 왜 내가 괴로워해야 한단 말인가? 태양은 자신이 쏘는 광선의 일부가 목표를 벗어나 감사할 줄 모르는 우주 속으로 사라져, 약간의 광선만이 행성을 비추는 것에 개의치 않는다. 당신의 위대함으로 교육받지 못했거나 냉랭한 사람들을 일깨워야 한다. –〈우정(Friendship)〉

돼지에게 진주를 던진다고? 그래, 던져라. 돼지가 진주의 가치를 알 리 없겠지만, 적어도 자극은 받을 것이다. –볼테르(프랑스 철학자)

인간은 소유한 것을 기준으로 상대를 판단한다

인간은 너무 오랫동안 자신보다는 외부적인 것에 초점을 맞추어 왔기 때문에 종교적, 교육적, 시민적 제도를 주로 재산의 보호자로 보고 있다. 누군가 이러한 제도를 공격하면 인간은 자신의 재산을 공격하는 것으로 보기 때문에 저항한다. 그들은 서로를 인간으로서가 아니라, 소유한 것을 기준으로 판단한다. –〈자기 신뢰(Self-Reliance)〉

당신은 바다의 한 방울이 아니라, 한 방울의 바다이다. –루미(페르시아 시인, 이슬람 법학자)

나는 소박하고 진정성 있는 삶을 살고 싶다

사람들은 종종 용기나 친절과 같은 선행을 지켜야 할 사회적 약속을 지키지 않아 벌금을 내는 것처럼 행한다. 그들의 행위는 세상에서의 삶을 사죄하거나 죄를 경감받으려는 것인데, 이는 병약자나 정신병자에게 식비를 주는 것과 비슷하다. 그들의 선행은 속죄를 위한 것이다. 나는 속죄하지 않고 살고 싶다. 내 삶은 남에게 보여 주기 위한 것이 아니라 그 자체로 살아가기 위한 것이다. 화려하지만 불안정한 삶보다는 소박하고 진정성 있는 삶을 살고 싶다. 끊임없이 고치거나 희생해야 하는 삶이 아니라 건강하고 즐거운 삶을 살고 싶다. –〈자기 신뢰(Self-Reliance)〉

다른 사람을 돕는 것은 우리가 지구에서 살아가기 위해 지불하는 임대료이다. –마거릿 미드(미국 인류학자)

신념이 강하면 배척당하기 마련이다

신념이 강하면 이교도이거나 비현실적이고 상상력이 풍부하며 믿음이 없는 사람으로 여겨져 다른 사람들에게 배척당하기에 쉽다. 생각이 깊은 사람은 자신의 신념을 보여 줘야 한다는 강박을 가진다. 순수한 사람들이 계획을 세우고 그에게 도움을 요청하는데, 어찌 주저할 수 있단 말인가? 일반적으로 부정적이거나 끔찍한 말 대신 긍정적인 말을 해 주는 것이 예의이다. 하지만 진실을 피하기 어려울 때가 있다. "음, 때로는 일이 그냥 그렇게 흘러가기도 해요. 어쩌겠어요?"라고 말할 수밖에 없다.

나쁜 일들은 나무에 나뭇잎과 열매가 자라는 것처럼 우리가 처한 상황의 자연스러운 결과일 뿐이다. 잎이나 열매에 대해 불평하는 것은 무의미하다. 잎이나 열매는 제거해도 다시 자란다. 문제를 근본적으로 해결해야 한다. 오늘 그런 사람들에게 그저 친절을 보여 주는 것은 아무 소용이 없다. 사람들의 질문과 방식이 나와는 다르므로, 마음에 들지 않는 것은 마음에 들지 않는다고 시인해야 한다. –〈위인(Representative Men)〉

이단자는 스스로 생각하는 사람이다. –미겔 데 우나무노(스페인 소설가)

가면으로 자신의 본모습을 완전히 숨길 수는 없다

철통같은 프라이버시란 존재하지 않는다. 문명화된 세상에서는 어떤 비밀도 영원할 수 없다. 사회는 모두가 자신의 본모습을 숨기는 가면무도회 같지만, 숨는 행위가 종종 자신의 진정한 성격

을 드러내기도 한다. –《삶의 행위(The Conduct of Life)》

우리 모두는 마스크를 쓰고 있으며, 마스크를 벗을지 아니면 이대로 죽을지 결정해야 할 때가 올 것이다. –제임스 볼드윈(미국 소설가, 민권 운동가)

고독은 평범해지는 것을 막아 준다

고독은 평범해지는 것을 막아주는 수단으로 천재에겐 근엄한 친구이고, 태양과 별이 있는 곳보다 더 멀리 날아갈 수 있게 날개의 깃털을 가는 장소로서 진실하면서도 호젓한 은신처 역할을 한다. 다른 사람들에게 영감을 불어넣고, 또 그들을 이끌어 줄 사람은 다른 사람들의 영혼에 부화뇌동하지 않도록 하고, 평범하고 진부한 그들의 의견에 얽매여 생활하고 숨을 쉬고 독서하고 글을 쓰지 않도록 해야 한다. 피타고라스는 "아침에는 고독해야 한다"고 말했다.

자연은 군중 속에 묻혀 있을 때가 아닌 혼자 있을 때 상상력을 자극하는 말을 건넨다. 고독은 내면을 진지하면서도 추상적인 사고로 드러나게 하는 신성한 능력과 밀접하게 연결되어 있다. 플라

톤, 플로티노스, 아르키메데스, 헤르메스, 뉴턴, 밀턴, 워즈워스 같은 위대한 사람들은 때때로 사회로부터 한 발짝 떨어져 사색과 창작을 위해 혼자만의 시간을 가졌다. 현명한 스승은 젊은이들에게 시간에 쫓기는 빈틈없는 생활 속에서도 고독을 위한 시간과 습관을 가질 수 있도록 가르쳐야 한다. –〈문화(Culture)〉

나는 고독에서 가장 큰 위안을 얻는다. 자연은 내가 모든 비밀을 털어놓을 수 있는 유일한 친구이다. –조르주 상드(프랑스 소설가)

대화는 상대방이 혼자일 때 진솔하다

좋은 사람들과 함께 있을 때 테이블을 사이에 둔 두 사람의 대화는 상대방이 혼자 있을 때만큼 진솔하지 않다. 그런 모임에서는 모든 사람의 초점이 자기에서 그룹으로 이동해 집단의식이 형성된다. 이러한 환경에서는 친구, 가족, 배우자에 대한 개인적인 편견이나 선호도는 그다지 중요하지 않다. 자기 생각만 이야기하는 것이 아니라 그룹의 공유된 아이디어에 이바지할 수 있는 사람만이 자유롭게 발언할 수 있다. 이러한 사회적 관습은 합리적이긴 하지만, 두 사람의 마음이 완전히 하나가 되는 진정으로 훌륭한 대화의 자유를 제한하게 된다. –〈사회와 고독(Society and Solitude)〉

대화는 이해를 풍요롭게 하고, 고독은 영혼을 평온하게 한다. –요한 카스파 라바터(스위스 시인, 철학자)

세상에는 균형의 법칙이 있다

자연은 무엇을 혼자 다 차지하거나 규칙에서 예외가 되는 것을 싫어한다. 바다의 파도가 높은 곳에 도달했다가 금방 균형을 찾는 것처럼, 사람마다 다른 상황도 시간이 지나면 균형을 찾는다. 너무 힘 있고, 강하고, 부유하고, 운이 좋은 사람들을 다른 사람들과 공평한 경쟁의 장으로 돌아오게 하는 무언가가 항상 존재한다. –〈보상(Compensation)〉

올라가는 것은 반드시 내려오게 되어 있다. –아이작 뉴턴(영국 물리학자, 수학자)

남의 말은 듣고 검증하라

솔직히 말해 다른 사람에게 얻는 것은 가르침이 아니라 도전이다. 상대방이 어떤 주장을 하던 나에게 공감이 되는지 아닌지를 확인해야 하며, 상대방이 누구든 그 사람의 말만 듣고 진리로 받아들일 수는 없다. –〈하버드 신학교 연설, 1838년 7월 15일〉

우리는 가르침이 아니라 계시를 통해 배운다. –마거릿 풀러(미국 여성 인권 운동가)

얻는 것이 있으면 반드시 무언가를 잃게 된다

사회는 결코 발전하지 않는다. 한쪽에서 얻는 만큼 다른 한쪽에서는 빠르게 퇴보한다. 사회는 지속적인 변화를 겪는다. 미개해지고, 문명화되고, 기독교화되고, 부유해지고, 과학적으로 발전하지만, 이러한 변화는 개선이 아니다. 주어지는 것이 있으면 반드시 빼앗기는 것이 있기 때문이다.

사회는 새로운 기술을 습득하지만 대신 오래된 본능을 잃는다. 주머니에 시계, 연필, 수표를 넣은, 옷을 잘 차려입은, 글을 읽고 생각하는 미국인과 재산이라고는 몽둥이, 창, 매트밖에 없고 가축우리의 20분의 1밖에 안 되는 공간에서 잠을 자는 벌거벗은 뉴질랜드 원주민을 비교해 보라! 양쪽의 건강을 비교해 보면 백인이 원래의 힘을 잃었다는 것을 알 수 있다. 여행자들에 따르면, 원주민을 넓은 도끼로 내리치면 마치 부드러운 공을 친 것처럼 며칠 안에 상처가 아물기 시작하는 반면, 백인에게는 같은 상처가 치명적일 수 있다. –〈자기 신뢰(Self-Reliance)〉

발전은 편안한 질병이다. –에드워드 에스틀린 커밍스(미국 시인)

편리함만 좇고 형식에 얽매이면 활력을 잃는다

문명인은 마차를 만들었지만 걷는 법을 잊어버렸다. 목발에 의지하지만 근육의 힘은 약해졌다. 좋은 제네바 시계를 가지고 있지만 태양으로 시간을 아는 기술은 사라졌다. 그리니치 항해 연감을 지녀 필요한 정보를 얻을 수 있게 되었지만 길거리로 나서면 하늘의 별을 구분하지 못한다. 하지와 동지를 관측하지 못하고, 춘분과 추분을 아주 조금 알 뿐이다. 공책은 기억력을 손상하고, 도서관은 기지를 과부하에 걸리게 해 사고력을 흐리게 하고, 보험 회사는 사고의 수를 증가시킨다. 기계가 사람을 방해하지 않는지, 세련됨으로 인해 에너지를 잃지 않았는지, 제도와 형식에 얽매인 기독교로 인해 야생적인 미덕이 활력을 잃지 않았는지 의문을 품게 된다. 스토아 철학자들은 자신들의 철학에 따라 살았지만, 기독교 세계에서 기독교인은 어디 있는가? -〈자기 신뢰(Self-Reliance)〉

문명은 교육과 재앙 간의 경주이다. -허버트 조지 웰스(영국 소설가, 문명 비평가)

책을 선택하는 것은 어려운 도전이다

도서관에 들어가면 우리는 마법에 걸린 종이와 가죽 커버 안에 갇힌 수많은 소중한 친구에게 둘러싸이게 된다. 그들은 우리를 알아보고, 수백 수천 년 동안 우리를 기다리며 비밀을 공유할 준비가 되어 있지만, 우리가 대화를 시작할 때까지는 말을 할 수 없다는 규칙에 묶여 있다. 마법사는 일렬로 늘어선 군인들처럼 똑같아 보이게 유니폼 커버로 위장해 놓았다. 따라서 수십만 권 중에서 좋은 책을 찾는 것은 간단하지 않고, 50만 개의 조각으로 된 퍼즐을 푸는 것과 같은 복잡한 도전이다. -〈사회와 고독(Society and Solitude)〉

책은 가장 조용하고 변함없는 친구이며, 가장 접근하기 쉽고 현명한 상담자이자 가장 인내심이 많은 선생님이다. –찰스 윌리엄 엘리엇(전 하버드대학 총장)

진정한 부자는 자신의 재산으로 공동체에 도움을 주는 사람이다

소유권은 축적하고 숨기는 사람이 아니라 관리하고 나눌 수 있는 사람이 가져야 한다. 더 많이 소유함으로써 더 큰 탐욕만 드러내는 사람이 아니라, 다른 사람에게 기회를 제공하고 모두에게 길을 열어 주는 사람이 되어야 한다.

진정한 부자는 자신의 부로 공동체에 도움을 주는 사람이고, 진짜 가난한 사람은 자신의 가난으로 공동체가 고통받게 하는 사람이다. 우리 문명의 도전은 모든 사람이 위대한 예술 작품과 자연의 경이로움을 같이 누릴 수 있는 방법을 찾는 것이다. –《삶의 행위(The Conduct of Life)》

가장 부유한 나라는 가장 많이 교육받고 계몽된 국민을 가진 나라이다. –존 러스킨(영국 사상가, 예술평론가)

친구는 대가를 바라지 않는다

친구가 내가 베푼 만큼 나에게 돌려주지 않는다고 괘념치 말라. 좋은 친구는 대가를 바라지 않고 우정을 베푼다. 태양을 생각해 보라! 태양은 그 빛의 일부가 지구를 놓치더라도 모든 사람과 모든 것을 비춘다. 좋은 친구 사이이면 친구가 더 나은 사람이 되도록 영감을 줄 수도 있는 것이다. 우정이 잘 풀리지 않더라도 괜찮다. 친절하고 관대하게 대함으로써 당신은 그만큼 성장한 것이니까. –〈우정(Friendship)〉

새로운 친구는 만들 수 있지만, 오래된 친구는 만들 수 없다. –S. E. 힌턴(미국 소설가)

우정은 현실에 기반해야 한다

우정의 또 다른 요소는 부드러움이다. 우리는 혈육, 자부심, 두려움, 희망, 이익, 욕망, 증오, 감탄 등 모든 종류의 끈과 상징, 사소한 것들에 의해 사람들에게 묶여 있지만, 다른 사람에게 사랑으로 우리를 끌어당길 만큼의 인격이 존재할 수 있다고는 믿기 어렵다.

다른 사람이 그렇게 운이 좋고, 우리가 그렇게 착해서 그들에게 친절을 베풀 수 있단 말인가? 누군가가 나에게 중요해지면 대단한 일을 해낸 것 같은 기분이 든다. 이 감정에 대해 제대로 말해 주는 책은 많지 않지만, 내가 좋아하는 작가의 글이 기억난다. "나는 나를 진정으로 사랑하는 사람들에게는 나를 어색하게 조금밖에 안 내어주고, 내가 가장 아끼는 사람에게는 나를 가장 적게 보여 준다."

나는 우정이 통찰과 표현에 근거할 뿐만 아니라 실용적이기를 바란다. 우정은 현실에 기반해야 비범한 것을 성취할 수 있다. 우정이 이상적이기보다 어느 정도 세속적이기를 바란다. 우리는 우정을 비즈니스 거래처럼 취급하는 사람들을 비판한다. 우정에는 선물과 호의를 주고받고, 지역 사회를 돕고, 아픈 사람을 돌보고, 장례를 치르는 것 같은 힘든 시기에 서로를 돕는 것이 포함된다. 하지만 그렇게 함으로써 친구 관계에서 더 섬세하고 고귀한 측면을 잊어버리기도 한다.

기본적인 것만 나누는 사람에게서 신성한 자질을 볼 수는 없지만, 정의, 시의성, 충성심, 연민과 같은 일상적인 미덕에 근거하지 않고 자신의 이야기를 너무 섬세하게 만드는 시인도 용서할 수 없다. 나는 '우정'이라는 단어가 유행에 따라 사용되고 피상적인 관계를 묘사하는 데 사용되는 것을 싫어한다. 나는 무의미한 쇼, 마차 타기, 최고 음식점에서의 저녁 식사 등 특별한 만남에서만 과시하는, 우아하고 화려한 우정보다는 농부나 행상인과 함께하는 것을 훨씬 더 좋아한다.

우정의 목적은 우리가 아는 그 어떤 것보다 더 깊고 진실한 관계이다. 우정은 삶의 모든 부분에서, 심지어 죽어서도 우리를 돕고 지지해 준다. 우정은 평화로운 시간에 사려 깊은 선물로 필요하고 시골길을 산책할 때도 필요하지만, 어려움에 직면했거나 가진 것이 거의 없거나 곤경에 처한 경우 같은 힘든 시기에도 우리를 위해 존재하고, 가장 재미있는 순간과 깊은 영적 경험을 통해서도 우리와 함께한다. 따라서 우리는 서로의 삶에서 일상적인 욕구와 의무를 존엄하게 여기고, 용기, 지혜, 단결로 우정을 아름답게 꾸며야 한다. –〈우정(Friendship)〉

우정은 그늘을 드리우는 나무와 같다. 영원히 그 아래를 거닐 수 있다. –아일랜드 속담

세상에는 생각보다 친절한 사람이 많다

세상에는 우리가 말하는 것보다 훨씬 더 많은 친절이 존재한다. 세상이 차갑게 느껴질 수 있는 모든 이기심에도 불구하고, 사랑의 감정이 온화한 분위기처럼 모든 사람을 둘러싼다. 집에서 만나거나 길거리, 교회에서 마주치는 사람들 중 말을 많이 하지는 않지만 타인에게 존경과 존중을 받는다고 여겨지는 사람들을 생각해 보라. 우리는 아무 말을 하지 않더라도 그들과 함께 있는 것만으로도 행복하다. 그들의 눈을 들여다보면 이해할 수 있을 것

이다. 우리 마음은 알고 있다. –〈우정(Friendship)〉

부드러움과 선함은 약함의 표시가 아니라 강함의 발현이다. –칼릴 지브란(레바논 태생 미국 시인)

남성과 여성의 동등한 권리

남성은 보통 들판이나 거리, 공공건물 같은 열린 공간에서 영향력을 행사한다. 하지만 집에 들어가서는 통제력을 완화해야 한다. 여성은 남성이 사소한 일에 지나치게 신경을 쓰거나 무관심하거나 나약하거나 사회관계에서 필요한, 관대하고 인상적인 태도가 부족한 경우를 빠르게 감지할 수 있다. 미국 사회는 여성을 잘 지원하고 있으며, 현재 우리나라의 큰 기쁨 중 하나는 뛰어난 여성이 많다는 것이다. 남성은 다소 열등감을 느낄 수 있는데, 이는 여성의 권리에 대한 새로운 지지로 이어질 수 있다. 열정적인 옹호자가 원할 수 있는 만큼 법적, 사회적으로 더 나은 지위를 여성이 가지는 것이 중요하다. 그러나 나는 여성의 조화롭고 영감을 주는 본성을 매우 신뢰하기 때문에 여성만이 진정으로 여성을 지원하는 최선의 방법을 보여 줄 수 있다고 믿는다. –〈매너(Manners)〉

자유는 남성과 여성 모두에게 소중한 것이다. 여성도 남성과 마찬가지로 자신의 권리를 가져야 한다. –수전 B. 앤서니(미국 여성 참정권, 노예 폐지 운동가)

선물은 받는 사람에게 어울리는 것이 좋다

모든 일은 필요에 따라 이루어진다. 우리 모두가 서로에게 의존하는 세상에서 누군가 자신에게 필요한 것을 요청하면 비록 불편하더라도 그 요청을 들어주는 것은 고귀한 일이다. 터무니없는 요청이어서 따끔하게 혼내고 싶다면 그 일을 다른 사람에게 맡기는 것이 좋다. 나는 에리니에스(그리스 신화에 등장하는 복수의 세 여신)가 아니라 다른 역할을 맡고 싶다.

누군가에게 선물할 때는 받는 사람의 성격에 맞고 그와 연관해 자연스럽게 머릿속에 떠오르는 선물이 좋다. 하지만 반지나 보석 같은 것은 선물한다면, 그것은 사려 깊은 선물이라기보다는 의미 있는 선물을 하지 못한 데 따른 사과의 뜻을 보이는 것에 지나지 않는다.

누군가에게 줄 수 있는 가장 큰 선물은 정직한 자신이다. –프레드 로저스(미국 방송인)

사람은 때로 선물을 싫어할 수 있다

인간관계에서 호의를 주고받는 것은 어려운 일이다. 이는 마치 까다로운 해협을 조심스럽게 항해하거나 조악(粗惡)한 배를 사용하는 것과 같다. 선물을 받는 것은 남자의 일이 아니다. 왜 선물을 주어야 한단 말인가? 우리는 자립을 선호하기에 선물 주는 사람을 전혀 이해하지 못하기도 한다. 우리에게 선물을 주는 손이 오해받을 수도 있다. 우리는 사랑에서 비롯된 무엇을 받는 것이 편하다. 그 이유는 누군가가 우월한 입장에서 주는 것이 아니라 나 스스로 선물을 주는 것 같은 느낌이 들기 때문이다. 우리는 때로 선물 받는 것을 싫어할 수 있다. 선물에 굴욕적으로 의존하는 것처럼 보이기 때문이다.

"형제여, 제우스 신이 당신에게 선물을 준다면,
그의 손에서 아무것도 받지 않도록 조심하라."

– 〈선물(Gifts)〉

선물은 주는 사람이 아니라 받는 사람을 영예롭게 한다. –프리드리히 니체(독일 철학자)

익숙해지면 설렘은 사라진다

미덕과 자존심이 있는 우리 가정에 낯선 사람의 방문이 일으키는 흥분을 생각해 보라. 평판이 좋은 사람이 방문하기로 되어 있는 집 안에는 설렘과 불안감이 뒤섞인다. 친절한 사람들은 그를 환영하면서도 약간의 두려움을 느낀다. 집 안을 청소하고, 입고 있던 낡은 옷을 새 옷으로 갈아입고, 가능하다면 대접할 음식을 준비한다.

우리는 소문으로만 듣고 낯선 방문객을 좋게 생각한다. 그는 인류를 위해 우리 앞에 서 있으며, 그런 그는 우리가 원했던 사람이다. 그렇게 상상한 우리는 그 사람의 말과 행동에 어떻게 대처해야 할지 몰라 걱정하고 불안해한다. 곧 그의 생각이 우리와 다르지 않다는 것을 알고 대화를 활발히 한다. 우리는 평소보다 더 창의적이고 더 나은 기억력으로 더 잘 말한다. 평소의 망설임은 사라진다. 몇 시간 동안 우리는 경험을 바탕으로 솔직하고 우아하며 의미 있는 대화의 흐름을 이어갈 수 있다. 심지어 우리를 잘 아는 사람들은 우리가 이전에 보지 못했던 능력을 발휘하는 것을 목격하고 놀랄 수도 있다.

하지만 낯선 사람이 자신의 편견, 의견, 결점을 대화에 끌어들이기 시작하면 마법은 끝난다. 우리에게서 들을 수 있는 최고의 이야기를 들은 그는 더 이상 낯선 사람이 아니다. 천박함, 무지, 오해가 오래 알고 지내던 사람처럼 드러난다. 다시 그가 방문하면 정돈된 집에서 옷을 차려입고 저녁 식사를 함께 즐길 수 있겠지만, 가슴 두근거림과 영혼의 소통은 더 이상 없을 것이다. -〈우정(Friendship)〉

누군가의 집은 낯선 사람이라도 잘 대접받는 곳이다. -마르쿠스 툴리우스 키케로(고대 로마 시대의 정치인, 철학자)

6장

성찰의 길

밤이 되면 다시 별들이 쏟아져 나오고
달은 온 사방을 아름답게 비추고
강은 바다로 흐르는데,
우리는 여전히 우주를 알지 못한다.

현실을 무시할 수 없는 것이 인생이다

우리는 신중하게 계획된 삶 속에서도 세상의 핵심 본질을 드러내는 진실을 진지하게 받아들여야 한다. 진정한 삶의 현실을 언급하는 데 있어서도 불쾌한 현실을 무시할 수 없다. 인간의 잠재력은 특정 필요성에 의해 제한되는데, 인간은 그 범위를 완전히 이해할 때까지 다양한 방식으로 이러한 경계를 시험하게 된다.
–《삶의 행위(Conduct of Life)》

다른 계획을 세우느라 바쁘게 살다 보면 인생은 그렇게 흘러간다. –존 레논(영국 가수)

인간에게 한계는 당연한 것이다

자연에서 우리가 운명이라고 부르는 개념은 사실 한계에 관한 것이다. 우리는 우리를 제한하는 모든 것을 운명이라고 부른다. 우리가 거칠고 원시적이라면 운명은 가혹하고 무시무시한 것으로 나타나고, 우리가 세련되어진다면 우리의 제약도 마찬가지로 세련되어진다. –《삶의 행위(Conduct of Life)》

인간은 사건 자체가 아니라 그 사건에 대한 자신의 견해 때문에 걱정한다. -에픽테토스(고대 그리스 철학자)

공평성이 중요하다

현명한 사람은 다수의 의견이라고 무조건 따르지 않을 뿐만 아니라, 소수의 의견이라고 일부러 신경 쓰는 것도 아니다. 그들은 독립성, 집중력, 리더십, 자신감, 독창성 같은 자질을 중요하게

생각한다. 이러한 특성은 누군가가 강력한 힘에 직접적으로 영향을 받는다는 것을 보여 주기 때문에 매우 중요하다.

현명한 사람은 다수의 의견뿐만 아니라 소수의 의견도 무시하지 않는다. 자기 주도적이고, 집중력과 리더십이 뛰어나며, 자신감이 넘치고, 기본에 충실한 사람은 궁극적인 힘의 존재를 즉각적으로 보여 주기 때문에 가치 있는 사람이다. -〈개성(Character)〉

진정한 지혜는 많이 아는 데 있는 것이 아니라 알아야 할 것을 아는 데 있다. -소크라테스(고대 그리스 철학자)

책의 가치

학자의 정신을 형성하는 중요한 것들 중 하나는 과거의 사상과 지식이다. 과거의 지식은 책, 예술, 심지어 관습 같은 다양한 출처에서 얻을 수 있다. 하지만 책이 가장 좋은 예일 것이며, 책의 가치를 살펴보면 과거가 학자에게 얼마나 큰 영향을 미쳤는지 알 수 있다. -〈미국 학자(The American Scholar)〉

과거를 기억하지 못하는 사람은 과거를 반복할 수밖에 없다. -조지 산타야나(스페인 태생 미국 철학자)

자신을 위한 책을 써라

책을 쓰는 것은 삶을 진실하고 지속적인 아이디어로 바꾸는 것과 같다. 더 잘 쓸수록 그 아이디어는 더 순수해지고 오래 지속될 것이다. 하지만 세상에 완벽한 것은 없다. 어떤 공기 펌프도 완벽한 진공 상태를 만들 수 없다는 것을 생각해 보라. 마찬가지로 어떤 작가도 틀에 박힌 것, 지엽적인 것, 변하기 쉬운 것을 완전히 배제할 수 없다. 따라서 먼 미래의 사람들에게는 그 책이 맞지 않을 수 있다. 각 세대는 자신의 세대와 다음 세대를 위한 책을 써야 한다. 오래된 책은 그들의 시대에는 잘 맞지 않을 수도 있기 때문이다. –〈미국 학자(The American Scholar)〉

고전이란 할 말을 다하지 않은 책이다. –이탈로 칼비노(이탈리아 소설가)

사상에는 힘이 있다

책에 담긴 이론은 훌륭하다. 초기 학자는 주변 세계를 받아들이고 깊이 생각한 뒤 그 생각을 정리해 다시 표현했다. 그가 받아들인 것은 평범한 삶이었지만 그가 표현한 것은 진리였다. 그는 일상의 행동을 받아들여 불멸의 사상으로 전환했다. 그는 일상의 일을 받아들여 시로 만들었다. 단순한 사실에 불과했던 것이 살아 있는 사상이 되었다. 사상에는 가만히 서 있기도 하고 움직이기도 하는 힘이 있다. 사상은 지속되고, 날고, 영감을 준다. 글을 쓴 학자의 생각이 깊을수록 그의 사상은 더 높이 날아올라 더 오랫동안 노래하게 된다. –〈미국 학자(The American Schplar)〉

잘 쓰인 책이라면 부도덕할 수 없다. –빅토르 위고(프랑스 소설가)

모든 인간은 선한 인간이 되고 싶어 한다

나는 모든 사람이 진실을 사랑한다고 굳게 믿는다. 자연에는 완전한 거짓이나 총체적인 악은 없다. 사람들이 천성적으로 타락했다는 생각을 진심으로 받아들이는 것은 잘못이다. 선에 대한 이러한 불신이야말로 진짜 회의론이나 무신론이다. 만약 이러한 생각이 널리 받아들여진다면 자살로 인류가 멸종하는 만큼이나 깊은 절망으로 이어질 수 있다. 인간이 타락했다는 것은 일부 엄격한 종교적 가르침에 존재하지만, 사람들이 서로에게서 느끼는 기본적인 선함과 진정한 애정은 이러한 부정적인 믿음이 자리 잡는 것을 막아 왔다.

나는 정치적으로 치열한 공방이 벌어졌던 어느 날, 투표소에 있었던 일을 기억한다. 긴장 때문에 유권자들의 표정은 심각해 보였다. 내 옆에 있던 점잖은 사람이 군중을 바라보며 말했다. "나는 이 사람들 대부분이 어느 쪽에 속하든 올바르게 투표하려 한다고 생각합니다."

사려 깊은 관찰자라면 사람들이 명예로운 행동과 의심스러운 행동을 하는 방식을 지켜보면서, 약간의 이기심과 경박함에도 불구하고 그들 대부분이 근본적으로 신뢰할 수 있고 진실한 사람이 되고자 한다는 데 동의할 것이다. 누군가가 당신의 의견에 동의하지 않거나 당신의 좋은 의도를 지지하지 않는다면, 이는 그들이 당신을 어떻게 인식하는지를 반영하는 것으로, 그들은 당신을 신뢰할 수 있는 진실의 근원으로 보지 않는 것이다. 당신이 옳다고 믿더라도, 상대방은 당신의 신뢰성에 대한 명확한 증거를 보지 않았기 때문에 확신하지 못한다. –〈뉴잉글랜드 개혁자들(New England Reformers)〉

모든 인간에게는 선하고 품위 있는 사람이 되고자 하는 숨겨진 열망이 있다. 나쁘게 행동하는 사람들도 항상 나쁜 것은 아니며, 내면 어딘가에는 변화하고 싶은 욕구가 있다. –카를 융(스위스 정신분석학자)

자신의 세계를 구축하라

사람은 자신만의 삶과 세상을 만들고, 그 너머에 자신만의 천국을 창조한다. 그러니 세상은 당신을 위해 존재한다는 것을 알라. 모든 현상은 당신을 위해 완벽해 보인다. 우리 존재는 우리만이 볼 수 있다. 아담이 가졌던 모든 것, 카이사르가 할 수 있었던 모든 것을 당신도 가질 수 있고 할 수 있다. 아담에게는 자신의 낙원이 있었고, 카이사르에게는 로마가 있었다. 당신에게는 직업이나 사업, 농사짓는 땅, 서재 같은 것이 있을 수 있다. 하지만 본질적으로 당신의 힘과 영역은 거창한 이름이 없더라도 그들과 똑같이 위대하다. 그러니 자신만의 세계를 구축하라. 당신의 생각과

이상에 더 가까이 다가갈수록 당신의 무한한 잠재력이 더 많이 실현될 것이다. –〈자연(Nature)〉

당신만의 행복을 따라가다 보면 벽만 있던 곳에 우주가 문을 열어 줄 것이다. –조셉 캠벨(미국 신화종교학자)

우리 내면에는 더 높은 것이 존재한다

영혼의 작용은 대화로 말해지는 것보다 느끼고 말하지 않는 것 가운데 더 자주 일어난다. 영혼은 모든 사회에 깃들어 있으며, 사람들은 무의식적으로 서로에게서 그것을 찾는다. 우리는 실제로 행동으로 옮기는 것보다 더 많은 것을 이해한다. 우리는 우리 자신의 잠재력을 완전히 파악하지는 못했지만, 우리에게 훨씬 더 많은 것이 있다는 것을 느낀다. 나는 주변 사람들과 사소한 대화를 나누다 보면 우리 각자의 내면에 더 높은 면이 있다는 것을 발견하곤 한다. 마치 고대 신들이 서로의 존재를 인정하는 것처럼 우리 안의 더 큰 부분이 서로를 조용히 인정하는 것 같다. –〈초월적 영혼(The Over-Soul)〉

진심은 결코 말로 드러나지 않는다. –제인 오스틴(영국 소설가)

장미는 자신과 남을 비교하지 않는다

소심하고 수줍어하는 사람은 강직하지 못하기 때문에 담대하게 "나는 생각한다" 혹은 "나는 누구이다"라는 식으로 말하지 못하고, 대신 현자가 한 말이나 지혜의 말을 인용하려 한다. 그런 사람은 풀잎이나 바람에 흔들리는 장미 앞에서도 수줍어한다.

내 창문 밑의 장미들은 이전에 있던 장미나 자신보다 더 나은 장미와 자신을 비교하는 법 없이 그저 자신의 모습 그대로 존재한다. 장미는 시간을 의식하지 않은 채 그저 장미로 있을 뿐이지만, 존재하는 모든 순간에 완벽하다. 잎눈이 열리기 전에도 이미 완전한 생명체이다. 만개한 꽃이라 해서 더 많은 생명을 가지는 것이 아니며, 잎이 없는 뿌리라 해서 생명이 더 적은 것도 아니다. 매 순간 그 본성이 완전히 충족되어 있다는 점에서 그 자체로 자연을 충족시킨다.

하지만 미루거나 회고하기를 좋아하는 사람은 현재를 사는 대신, 되돌아보는 눈으로 과거를 한탄하거나 자신이 가진 부에 대해서는 생각하지 않고 발돋움한 채 그저 미래가 다가오기를 기다릴 뿐이다. 그런 사람은 시간에 구애받지 않고 현재의 본성에 따라

살지 않는 한 절대로 행복해질 수 없고 강해질 수도 없다. –〈자기 신뢰(Self-Reliance)〉

어제는 오늘의 추억이고, 내일은 오늘의 꿈이다. –칼릴 지브란(레바논 태생 미국 시인)

내가 허락하지 않는 한 아무도 나에게 영향을 줄 수 없다

때로는 온 세상이 중요하지 않은 일로 당신을 귀찮게 하는 것처럼 느껴질 때가 있다. 친구, 고객, 자녀, 질병, 두려움, 필요, 친절한 행동 등이 동시에 당신의 닫힌 문을 노크하며 "밖으로 나와 우리와 어울리세요"라고 말한다. 하지만 침착함을 유지해 그들이 조장한 혼란에 휩쓸리지 않아야 한다. 사람들이 나를 방해할 수 있는 것은 의지력이 약한 탓에 호기심이 발동해 내가 그들에게 그렇게 하도록 허용했기 때문이다. 내가 허락하지 않는 한 아무도 나에게 영향을 줄 수 없다. –〈자기 신뢰(Self-Reliance)〉

진정한 행복은 미래 걱정 없이 현재를 즐기는 것이며, 희망이나 두려움으로 스스로 지루함을 달래는 것이 아니라 우리가 가진 것에 만족해하며 쉬는 것이다. –세네카(고대 로마 철학자)

오지도 않은 불운에 슬퍼 마라

당신이 치유한 슬픔이 있고,
가장 큰 슬픔도 이겨냈지만,
결코 오지 않을 불운 때문에
겪은 고통과 슬픔은 무엇이란 말인가? –《삶의 행위(The Conduct of Life)》

오지도 않을 내일의 문제로 고민하지 마라. –존 울컷(영국 풍자시인)

우리 모두는 살아 있는 인용문이다

모든 책은 이전에 나온 것을 인용하고, 모든 집은 숲, 광산, 채석장에서 얻은 재료로 지어져 본질에서 대지를 인용하며, 모든 사람은 모든 조상으로부터 물려받은 특성을 지니고 있어 우리 모두는 혈통의 살아 있는 인용문이라고 할 수 있다. -〈편지와 사회적 목적(Letters and Social Aims)〉

우리 모두 당신의 시가 좋은 문학 작품이라는 데는 동의하지만, 정말 새로운 작품인가? -T. S. 엘리엇(미국 태생 영국 시인)

우리 모두는 각자의 길을 떠나는 여행자일 뿐이다

우리는 모두 발명가이며, 중복되지 않는 각자의 해도(海圖)에 따라 탐험을 위해 항해를 떠나는 항해사들이다. 세상은 모든 문이면서 모든 기회이기도 하다. -〈편지와 사회적 목적(Letters and Social Aims)〉

당신이 인생의 길을 선택하는 것이 아니라, 인생이 당신을 선택하는 것이다. 당신이 선택할 수 있는 것은 어떻게 걸을까 하는 것뿐이다. -출처 미상

우리 목표는 끝이 보이지 않는 포물선이다

우리는 젊었을 때 종교, 사랑, 시, 정치, 예술 등의 정의를 적는 데 큰 노력을 기울이며 몇 년 안에 세상의 모든 이론을 자신만의 백과사전에 정리할 수 있기를 기대한다. 하지만 몇 년이 지나도 끝내지 못하고, 결국 우리의 목표가 끝이 보이지 않는 포물선과 같다는 것을 깨닫게 된다. -〈사회와 고독(Society and Solitude)〉

진정한 발견의 항해는 새로운 땅을 보는 것이 아니라 새로운 눈을 갖는 것입니다. -마르셀 프루스트(프랑스 소설가)

영원한 것은 없다

흘러라, 흘러라, 미움받고
저주받고 사랑받는 파도여,
변화의 파도여.
정박할 곳은 없다.
잠도 없고, 죽음도 없다.
죽은 듯 보이는 자 살아 있다.
네가 태어난 집,

네 봄철의 친구들,

노인과 젊은 처녀,

하루의 수고와 그 보상,

그 모든 것이 사라지고,

이야기로 도망쳐

정박할 수 없다. –〈환상(Illusions)〉

우리는 그저 먼지와 그림자에 불과하다. –소포클레스(고대 그리스 시인)

다양한 생각이 마음에 신성을 불어넣는다

위대한 하나님이 세상에 사상가를 보내면 조심해야 한다. 그때는 모든 것이 위험해진다. 대도시에 화재가 발생했을 때와 같아서 무엇이 안전하고 어디에서 끝날지 아무도 모른다. 어떤 과학적 사실도 내일 도전받을 수 있고, 가장 유명한 문학 작품과 이름조차 의문시될 수 있다. 사람들의 희망, 속마음, 세계의 종교, 우리의 태도와 도덕은 모두 새롭고 폭넓은 아이디어 때문에 변할 수 있다. 이러한 광범위한 아이디어가 우리 마음에 새로운 신성을 불어넣는다는 점에서는 매우 흥미진진하다. –〈동심원들(Circles)〉

한 조각의 진실이 환상의 세계를 무너뜨린다. –마리 폰 에브너 에셴바흐(오스트리아 소설가)

현명한 사람은 책에서 자신만의 가치를 찾아낸다

좋은 책은 좋은 독자가 만든다. 똑똑한 사람은 항상 자신이 읽은 책에서 가치를 발견한다. 그런 사람은 모든 책에서 자신만 알고 있는 비밀처럼 느껴지는 부분을 찾아낸다. –〈사회와 고독(Society and Solitude)〉

책은 영혼을 비추는 거울이다. –버지니아 울프(영국 소설가)

극한 상황에서 드러나는 인간의 능력

전쟁은 우리의 감각을 날카롭게 하고, 결정을 내리게 하며, 신체 건강을 향상시키고, 다른 사람의 능력을 진정으로 볼 수 있는 격렬한 상황에 몰아넣는다. –1838년 3월의 〈전쟁(War)〉 강연

전쟁의 도가니는 인간의 영혼을 시험한다. 용기와 비겁함, 강인함과 나약함이 드러난다. –조지 S. 패튼(미국 육군 대장)

시는 모든 것을 하나로 묶어 주는 보이지 않는 힘이다

시의 본질은 언제나 형언할 수 없고, 언제나 새로우며, 언제나 놀랍다. 미묘한 영향과 시대를 초월한 본질로 우리를 놀라게 한다. 아이들은 자신이 하는 말의 깊이를 의식하지 않은 채 순수하게, 숨을 쉬듯이 쉽게 심오한 문장을 내뱉는다. 시의 마법은 중력처럼 모든 것을 하나로 묶어 주는 보이지 않는 힘으로, 아직 미스터리로 남아 있다. –〈시인(The Poet)〉

시는 심금을 울리고, 그 심금으로 음악을 만든다. –프랜시스 실베스터 마호니(아일랜드 유머 작가, 저널리스트)

인간의 힘은 창조가 아니라 전이에 있다

모든 것은 전환, 전이, 변형을 가르친다. 인간의 힘은 창조가 아니라 전이에 있고, 인간의 운명은 장수가 아니라 이동에 있다. 우리는 잠수했다가 새로운 장소에 다시 나타난다. –〈일기, (1820~1824)〉

삶은 끊임없는 움직임과 변화의 과정이다. 쉬지 않고 흐르는 강물처럼 우리도 앞으로 나아간다. 앞으로 나아가는 현실 속에서만 진정한 만족이 있을 수 있다. –세네카(로마 시대의 사상가, 정치가)

진정한 성장의 가장 확실한 신호는 사람이 취하는 태도이다

이 피할 수 없는 자연의 힘 때문에 개인의 욕망은 압도되고, 우리의 시도나 결함에도 불구하고 당신의 독특한 재능은 당신을 통해, 나의 재능은 나를 통해 드러난다. 우리가 진정으로 누구인지는 우리의 선택에 의해서가 아니라 우리의 통제 없이 드러나게 된다. 아이디어는 우리가 의도적으로 만들지 않은 경로를 통해 머릿속에 들어오고, 의도적으로 열지 않은 경로를 통해 떠난다. 우리의 본성은 우리가 통제할 수 없는 방식으로 우리에게 영향을 미친다.

진정한 성장의 가장 확실한 신호는 사람이 취하는 태도이다. 나이, 교육, 동료, 책, 행동, 재능이 혹은 이 모든 것이 합쳐져도 자신보다 더 높은 정신에 대한 존중을 막을 수는 없다. 하나님을 믿지 않는다면 태도, 말투, 문장 전개 방식, 의견 구성 방식으로 이를 드러내니 상대방이 거침없이 자기 생각을 말하도록 하라. 마음 중심에 하나님이 계신다면, 모르는 사람, 까다로운 성격, 힘든 상황의 가면에도 불구하고 하나님의 임재가 그를 통해 드러날 것이다. –〈초월적 영혼(The Over-Soul)〉

세상에서 가장 훌륭하고 아름다운 것은 눈으로 보거나 만질 수 있는 것이 아니라 마음으로 느끼는 것이다. –헬렌 켈러(미국 사회운동가, 교육자)

참된 기도

특정한 재물을 바라는 기도, 즉 모든 선보다 가치가 없는 것을 바라는 기도는 사악하다. 기도는 가장 높은 관점에서 삶을 묵상하는 것이다. 기도는 하늘을 바라보고 기뻐하는 영혼의 독백이다. 기도는 하나님의 영이 당신의 행위가 선하다고 선언하는 것이다.

그러나 개인적인 목적을 이루기 위한 수단으로서의 기도는 비열한 도둑질이다. 그런 기도는 자연과 의식의 통일성이 아닌 이원론을 가정한다. 하나님과 하나의 마음이 되는 순간 세속적인 것을 구걸하지 않게 되고, 모든 행동을 통해 기도하게 된다. 밭에서 잡초를 뽑기 위해 무릎을 꿇은 농부의 기도, 노를 젓기 위해 무릎을 꿇은 사공의 기도는 비록 값싼 목적을 위한 것이지만 자연 전체에 울려 퍼지는 참된 기도이다. −〈자기 신뢰(Self-Reliance)〉

기도는 당신이 원하는 것을 구하는 것이 아니라 자신의 진정한 자아를 이해하고 포용하고자 하는 깊은 갈망이다. −마이스터 에크하르트(독일 가톨릭 사상가)

불필요한 간섭을 중단해야 모든 것이 좋아진다

우리가 불필요한 간섭을 중단한다면 일, 공동체, 문학, 예술, 과학, 종교 등 인간 활동의 모든 측면이 지금보다 훨씬 더 발전할 수 있을 것이다. 태초부터 예언되어 왔고 지금도 우리 마음 깊은 곳에서 갈망하는 이상적인 세상은 장미가 피고 공기가 순환하고 태양이 떠오르듯 자연스럽게 실현될 것이다. −〈영적인 법칙(Spiritual Laws)〉

자연의 순리를 방해할수록 우리는 자연의 의도에서 그만큼 멀어진다. –성 아우구스티누스(고대 로마 신학자)

삶은 원처럼 끝도 없이 이어진다

우리의 삶은 모든 원 주변에 또 다른 원을 그릴 수 있다는 진리, 자연에는 끝이 없지만 모든 끝은 시작이라는 진리, 한낮에 또 다른 새벽이 항상 시작되고 모든 깊은 곳 아래에 더 깊은 곳이 열린다는 진리에 대한 수습 기간이다. –〈동심원들(Circles)〉

우주는 원자가 아니라 이야기로 이루어져 있다. –뮤리얼 루카이저(미국 시인)

인간의 속성

결혼을 약속받은 남자는 사랑하는 여인이 자신을 받아들임으로써 그녀의 가장 매혹적인 자질을 잃어버렸음을 느낀다. 그가 그녀를 쫓을 땐 그녀가 하늘의 별처럼 도달할 수 없는 곳에 있는 완벽한 존재로 여겨졌지만, 그와 함께하기로 동의하면서부터는 그녀가 더는 그렇게 보이지 않는다. –〈자연(Nature)〉

일단 가지고 나면 다른 것을 원하게 된다. – 단테 알리기에리(이탈리아 시인)

생명의 본성

무수한 고리들의 작은 사슬
가장 가까운 것이 가장 먼 것을 가져온다.
눈은 어디로 가든지 징조를 읽고,
모든 언어로 장미를 말한다.
그리고 사람이 되려고 노력하는 벌레는
모든 형태의 첨탑을 뚫고 올라간다. – 〈자연(Nature)〉

매 순간은 무한을 향해 열리는 문이다. –스콧 모마데이(미국 소설가)

인간은 그저 현상만 알 뿐이다

사회는 파도와 같다. 파도는 앞으로 나아가지만, 그 파도를 구성하는 물은 그렇지 않다. 같은 물의 입자가 계곡에서 산등성이로 오르지 않는다. 그 통일성은 단지 현상에 불과하다. 오늘 한 국가를 구성하는 사람들이 내년에 죽으면서 그들의 경험도 함께 사라진다. –〈자기 신뢰(Self-Reliance)〉

밀물이 오면, 썰물이 간다. 문명은 발전하고, 문명은 후퇴한다. –아놀드 토인비(영국 역사학자)

성장하면서 새로운 것을 느낀다

삶은 놀라움의 연속이다. 우리는 우리가 누구인지, 발전해 나가면서 내일 어떻게 느낄지, 무엇을 할 수 있을지 예측할 수 없다. 우리는 일상과 기본적인 행동에 대해 어느 정도는 알 수 있지만, 진정으로 큰 변화와 우리 영혼의 전반적인 방향은 미스터리에 싸여 있다. 인생의 이러한 주요한 측면은 신이 감추고 있어서 예측할 수 없다. 진리가 신성하고 유익하다는 것은 알지만, 진리가 나에게 정확히 어떻게 도움이 될지는 경험해야만 진정으로 이해할 수 있기 때문에 예측할 수 없다.

사람은 성장하고 앞으로 나아갈 때 이전에 가졌던 모든 능력을 유지하면서도 완전히 새로운 느낌을 받는다. 이러한 성장에는 과거 경험에서 얻은 모든 힘이 담겨 있다. 하지만 그 힘은 새롭게 가지는 것이다. 이 새로운 순간에 내가 축적한 모든 지식이 공허하고 무의미하다는 생각이 들기도 한다. 이제야 나는 무언가를 진정으로 이해하는 것 같은 기분이 든다. 가장 단순한 단어도 우리가 사랑하고 열망할 때 비로소 그 의미를 알게 된다. -〈동심원들(Circles)〉

인생은 놀라움으로 가득하지만, 항상 즐거운 것만은 아니다. -캐서린 맨스필드(뉴질랜드 태생 영국 소설가)

잘못은 반드시 드러난다

뭔가 잘못하면 세상이 투명하게 변하는 것과 같다. 마치 눈이 땅을 덮어 숲속 모든 동물의 발자국이 찍히는 것과 같다. 자신이

한 말을 되돌릴 수도 없고, 자신의 흔적을 지울 수도 없고, 자신의 길을 완전히 숨길 수도 없다. 무언가는 항상 당신을 드러내게 되어 있다. 물, 눈, 바람, 중력 등 자연의 힘은 잘못을 저지른 사람에게 불리하게 작용한다. –〈보상(Compensation)〉

죄책감은 불쌍한 도둑이지만 끔찍한 감시자이기도 하다. –네덜란드 속담

자연은 독점과 예외를 싫어한다

자연은 독점과 예외를 싫어한다. 바다의 파도가 최고점에 도달하면 결국 잔잔한 상태로 돌아오는 것처럼 인생의 모든 것도 결국 균형을 찾게 되어 있다. 인생에는 권력, 부, 성공 여부에 관계없이 모든 사람을 같은 수준으로 균형을 맞추는 방법이 있다. 자연은 사회에서 너무 거칠거나 난폭하고 나쁜 시민이나 해적의 정신이 약간 있는 심술궂은 말썽꾸러기처럼 행동하는 사람도 부드럽게 만드는 방법을 가지고 있다. 예를 들어, 사랑과 관심은 아무리 거친 학생이라도 보다 온화한 사람으로 만들 수 있다. 이런 식으로 자연은 거침을 부드러움으로 바꾸고, 난폭함을 온화함으로 대체하며, 모든 것을 균형 있게 유지하게 해 준다. –〈보상(Compensation)〉

밤이 지나면 낮이 되고, 낮이 지나면 밤이 되니, 모든 것이 서로 이어져 있다. –호메로스(고대 그리스 철학자)

현재는 과거보다 중요하다

영혼과 신성한 영 사이의 연결은 매우 순수해서, 여기에 다른 것을 더하려고 하는 것은 잘못이다. 신은 소통할 때 한 가지만 공유하는 것이 아니라 모든 것을 공유한다. 그분의 목소리는 세상을 가득 채우고, 지금 이 순간의 중심에서 빛, 자연, 시간, 영혼을 퍼뜨리며 모든 것을 새롭게 창조한다. 마음이 단순해질 때, 그리고 신성한 지혜를 받아들일 때, 낡은 것들 – 수단, 선생님, 경전,

성전들 – 은 사라진다. 대신 그 사람은 과거와 미래를 현재에 통합해 현재를 살아간다. 모든 것은 신성과 연결될 때 신성하게 되기 때문이며, 따라서 모든 존재는 똑같이 중요하다. 모든 것은 원인 때문에 근원으로 돌아가고, 거대한 우주의 기적 앞에서는 작고 특정한 기적들은 하찮게 보인다.

그러므로 누군가 신을 안다고 주장하면서 문명과 시대에 뒤떨어진 말을 한다면 믿지 말라. 작은 도토리가 그것으로부터 자란 거대하고 완성된 떡갈나무보다 더 나은가? 부모가 자신의 성숙한 존재를 전한 자녀보다 더 나은가? 그렇다면 왜 우리는 과거를 숭배하는 걸까? 세월이 흘러가면서 정신의 명료함과 권위가 사그라진다. 시간과 공간은 우리의 지각에 의해 만들어진 것일 뿐이지만, 영혼 자체는 순수한 빛이다. 영혼이 존재하는 곳은 낮과 같고, 영혼이 있었던 곳은 밤과 같다. 역사가 우리의 개인적인 성장과 발전에 대한 단순한 이야기나 교훈이 아니라면 불필요하고 심지어 해로울 수 있다. –〈자기 신뢰(Self-Reliance)〉

내가 주님을 보는 눈은 주님이 나를 보는 눈과 같으며, 나의 눈과 주님의 눈은 하나의 눈, 하나의 봄, 하나의 앎, 하나의 사랑이다.

–마이스터 에크하르트(독일 가톨릭 신비 사상가)

자기 분수를 모르기 때문에 인간이다

우리의 행동은 우리의 진정한 모습에 수학처럼 확고하게 기반을 두어야 한다. 자연에서는 모든 것이 정확하게 평가된다. 예를 들어 1파운드의 물이 폭풍우가 몰아치는 바다에 있든 잔잔한 연못에 있든 무게는 똑같다. 자연의 모든 것은 그 성질과 양에 따라 완벽하게 작동하며 할 수 없는 일을 하려고 하지 않는데, 인간만 그렇게 하지 않는다. 인간은 자신의 능력을 과대평가하기 때문에 종종 자신의 능력보다 더 많은 일을 하려고 한다. –〈개성(Character)〉

진정한 부는 삶 그 자체이며, 위험을 감수해야만 진정한 부를 얻을 수 있다. –에리히 마리아 레마르크(독일 소설가)

진정한 가치는 인격이다

사람들은 소유물(재산)과 자신을 안전하게 지켜주는 정부에 너무 의존하고 있다. 이로 인해 자신을 돌보는 법을 잊게 된다. 너무 오랫동안 사물에 집중해 온 탓에 이제 종교, 교육, 법률 등을 그저 자신의 물건을 보호하는 수단으로만 보게 된 것이다. 이런 것들이 도전받을 때 화를 내는 이유는 자신의 물건이 위험에 처했다고 생각하기 때문이다.

사람들은 인격이 아닌 그 사람의 소유물로 서로를 판단한다. 하지만 현명한 사람은 자신의 물건에 부끄러움을 느끼게 되는데, 이는 자신을 더 가치 있게 여기기 때문이다. 그는 특히 상속이나 선물처럼 운(運)으로 얻은 물건을 싫어한다. 자신의 노력으로 얻은 것이 아니기 때문이다. 진정한 가치는 소유물이 아니라 인격에서 나온다. 그런 가치는 어떤 일이 일어나도 빼앗길 수 없는 것이다. –〈자기 신뢰(Self-Reliance)〉

우리 삶에서 가장 중요한 것은 대중적인 기준에 순응함으로써 얻어지는 것이 아니라, 자신만의 기준에 따라 살아갈 때 얻어지는 것이다. –크리스 맥캔들리스(미국 여행가)

USA 52
Fiddler's Green

7장

상상력과 창의성

자연을 아는 것은 하나님의 법칙을 아는 것이다.
이 법칙을 아는 것이 자유로워지는 길이다.
태양은 샛별에 불과하다.
우리가 보는 모든 것은 꿈속의 꿈일 뿐이다.

예술가는 표현하고자 하는 하나의 욕망을 지닌다

예술은 창작자가 자신의 작품에 이르는 길이다. 그 길 또는 방법은 이상적이고 영원하지만, 예술가 자신이 그 상태에 이르지 않는 한 그것을 보는 사람은 거의 없다. 화가, 조각가, 작곡가, 음유시인, 연설가 등은 모두 자신을 왜소하고 단편적으로 표현하는 것이 아니라, 균형 있고 풍부하게 표현하고자 하는 하나의 욕망을 가진다. 화가와 조각가가 인상적인 인물 앞에서, 연설가가 군중 앞에서, 그리고 다른 사람들이 자신의 지성을 자극하는 장면에서 새로운 욕망을 느끼는 것처럼, 그는 특정한 조건에서 자신을 발견

하거나 그러한 상황에 놓여 어떤 목소리를 듣거나 손짓을 본다.

그때 예술가는 갑작스러운 놀라움과 함께 내면에 얼마나 많은 감정과 생각이 소용돌이치고 있는지 깨닫게 된다. 그는 더 이상 가만히 있을 수 없다. “이 창의력은 내 안에 있고, 반드시 내 안에서 나와야 한다!”라고 외치는 노 화가처럼 자신을 표현해야 한다는 충동을 느낀다. 그들은 언뜻 본 아름다운 것, 계속 자신 앞으로 나아가는 무언가를 쫓는다. 이것은 혼자 있을 때도 끊임없이 글을 쓰는 시인의 경험이다. 그가 쓴 많은 것은 평범할 수 있지만, 결국에는 진정으로 새롭고 놀라운 것을 만들어 낸다. –〈시인(The Poet)〉

모든 어린이는 예술가다. 문제는 어른이 된 후에도 어떻게 예술가로 남을 수 있느냐 하는 것이다. –파블로 피카소(스페인 화가)

성공은 독창적 아이디어에서 싹튼다

진정한 성공은 최종 성과가 아니라 독창적인 아이디어에서 비롯된다. 사람들은 보통 아이디어를 낸 사람이 아니라 아이디어를 파는 사람에게 박수를 보내지만, 진정한 공로는 아이디어로 수익을 창출하는 기업이 아니라 아이디어를 낸 사람에게 돌아가야 한다. 대부분의 사람들은 청사진이나 시제품에서 잠재력을 보는 데 어려움을 겪으며, 새로운 아이디어를 환상이라고 일축한다. 하지만 이러한 아이디어가 수익성이 있는 것으로 입증되면 갑자기 모든 사람이 그 아이디어가 중요하다고 믿게 된다. 조각가 호레이쇼 그리너프(Horatio Greenough)는 나폴레옹에게 증기의 힘을 보여주려고 했지만 외면당한 로버트 풀턴을 이야기한 적이 있다. 나폴레옹은 나중에 자기가 그 자신보다 더 강력한 힘을 무시한 사실을 깨달았다고 한다. –〈사회와 고독(Society and Solitude)〉

진정한 발명가는 남들이 알아채기 전에 세상에 필요한 것이 무엇인지 파악하는 사람이다. –메리 케이 애시(미국 기업인)

표현 능력은 진리를 전달하려는 욕구에서 시작된다

생각을 적절한 상징과 연결하고 이를 표현할 수 있는 능력은 그의 인격의 단순성, 즉 진리를 사랑하고 손실 없이 이를 전달하고자 하는 욕구에 달려 있다. –〈자연(Nature)〉

단순함은 복잡함의 가장 세련된 형태이다. –레오나르도 다 빈치(이탈리아 화가, 조각가, 발명가)

상상력은 매우 높은 차원에서 보는 것이다

상상력은 공부를 통해서가 아니라 자신이 무엇을 보는지 알고 그것과 하나가 되는 데서 오는, 매우 높은 차원에서 보는 것이다. 자신이 보거나 이해한 것을 명확하게 보여 주는 과정을 통해 다른 사람들은 복잡한 아이디어나 비전을 더 쉽게 이해할 수 있다.
–〈시인(The Poet)〉

상상력은 보이지 않는 것을 보는 능력이다. -월리스 스티븐스(미국 시인)

글에는 글쓴이의 내면과 진리가 담겨야 한다

재능만으로는 작가가 될 수 없다. 책에는 책을 쓴 사람이 반영되어야 하는데, 그 사람의 성격과 신념이 책에 담긴 아이디어를 뒷받침해야 한다. 작가는 자신의 신념을 고수하면서 자신만의 독특한 방식으로 사물을 보고 묘사해야 한다.

오늘 자신을 잘 표현할 수 없다면, 같은 아이디어가 남아 있기 때문에 내일 더 명확하게 표현할 수 있을 것이다. 그래서 작가는 마음에 부담을 갖게 되는데, 이는 자신이 완전히 이해하든 못하

든 진리를 공유해야 할 필요성 때문이다. 작가 인생의 주된 목적은 이러한 진리를 이해하고 다른 사람들과 공유하는 것이다. 작가의 내면에 깊고 의미 있는 메시지가 없는데, 우리가 왜 그가 능숙하고 매끄럽게 표현하고 영리한지 궁금해해야 한단 말인가?
–〈위인(Representative Man)〉

위대한 예술가는 결코 사물을 있는 그대로 보지 않는다. 만약 그렇다면 그 예술가는 곤경에 처할 것이다. –오스카 와일드(아일랜드 극작가, 시인)

천재를 독창적인 창의성의 원천으로만 생각하는 한 그들의 진정한 가치를 완전히 이해할 수 없다

인간 본성에 대한 진정한 통찰은 역사를 올바르게 이해하는 것이다. 중요한 자질은 변하지 않는데, 이러한 자질을 보이는 사람은 시간이 지나면서 변하다가 결국 사라지지만, 그 자질은 다른 사람에게서 다시 나타난다. 이러한 일은 흔하게 일어난다.

한때는 놀라운 사물이나 사람들이 존재했다가 이제는 더 이상 볼 수 없게 되었지만, 그렇다고 해서 세상이 덜 마법적이거나 흥미롭지 않은 것은 아니다. 성스러운 상징 때문에 특별하다고 생각했던 물건이 알고 보니 평범한 항아리였다. 하지만 그 상징의 의미는 여전히 중요하고, 우리 주변 어디에서나 그 의미를 찾을 수 있다.

우리 선생님들은 한동안 우리 여정의 길잡이 또는 이정표 같은 존재였다. 그들은 하늘에 닿을 만큼 지식이 풍부한 천사처럼 보였다. 하지만 가까이 다가가 보니 그들의 방법과 배경, 한계를 알 수 있었다. 이제 우리는 새로운 영감을 얻기 위해 그들로부터 한 발짝 물러날 필요성을 느낀다. 어떤 사람이 우리가 더 이상 가까이서 볼 수 없을 정도로 존경받고, 시간이 지나고 비교를 당해도 그 빛이 희미해지지 않는다면 좋은 일이다. 결국 우리는 사람들이 완벽하기를 기대하는 것을 멈추고 그들의 역할과 사회 공헌에 감사하게 될 것이다.

천재를 독창적인 창의성의 원천으로만 생각하는 한 그들의 진정한 가치를 완전히 이해할 수 없다. 그들이 직접적으로 우리에게 영감을 주지 않을 때, 그들은 다른 방식으로 우리에게 영향을 미치기 시작한다. 그 시점에서 그들은 더 큰 지성과 목적을 나타낸다. 한때 확고하고 개별적이었던 정체성은 더 큰 기원의 빛으로 선명해져 빛을 뿜는다. –〈위인(Representative Men)〉

조상에게 받은 것을 진정 내 것으로 만들기 위해서는 노력해야 한다. –요한 볼프강 폰 괴테(독일 시인, 소설가)

지혜를 드러내는 방식은 무한하다

지혜를 라파엘은 그림으로 그리고, 헨델은 음악으로 노래하고, 페이디아스(고대 아테네 조각가)는 조각으로 형상화하고, 셰익스피어는 글로 표현하고, 크리스토퍼 렌(건축가이자 천문학자)은 건축물로 만들고, 콜럼버스는 항해하는 데 사용하고, 루터는 설교로 전파하고, 조지 워싱톤은 군사력으로 전환하고, 제임스 와트는 기계화시킨다. –〈사회와 고독(Society and Solitude)〉

진리에 접근하는 방법에는 여러 가지가 있는데, 때로는 예술가가 철학자보다 더 나은 안내자가 될 수 있다. –아이리스 머독(영국 소설가)

시인은 중심에 서서 전할 것을 표현하는 군주 같은 사람이다

시인은 말하고, 사물에 이름을 붙이고, 아름다움을 구현하는 사람이다. 시인은 중심에 서 있는 군주이다. 세상은 그림으로 그려지고 장식으로 아름답게 만들어진 것이 아니라 처음부터 본질적으로 아름답다. 신이 아름다운 것만 창조한 것이 아니라, 아름다움 자체로 하여금 우주를 창조케 했다. 따라서 시인은 자신이 좋아하는 것을 자유롭게 쓸 수 있을 뿐만 아니라 자신만의 언어 세계에서 왕 같은 존재이다. 비평은 종종 물질주의적 사고방식에 매몰되어 실용적인 기술과 행동을 무엇보다 중요하게 여긴다. 시인처럼 표현에 천부적인 재능을 타고난 사람들이 있다는 사실을 잊어버리고 말만 하고 행동은 하지 않는 사람들을 경시하는 경향이 있다.

시인은 소통하기 위해 태어났고, 소통하는 것이 시인의 목적이다. 그러나 비평가는 이러한 표현의 사명을 지닌 사람들을 단지 행동을 흉내 내는 자들과 혼동한다. 시인은 영웅이나 현자를 기다리지 않는다. 영웅과 현자의 주된 역할이 행동하고 사고하는 것이라면, 시인은 말해야 하고 반드시 말해져야 할 것을 주로 기록한다. 영웅과 현자 역시 중요한 존재이지만, 시인과 비교하면 보조적인 역할을 한다. 마치 화가의 작업실에서 모델로 앉아 있는 사람, 혹은 건축가에게 건축 자재를 운반하는 조수처럼 말이다. –〈시인(The Poet)〉

시인은 이해되지 않는 영감의 사제(司祭)이며, 미래가 현재에 드리운 거대한 그림자의 거울이다. –퍼시 비시 셸리(영국 시인)

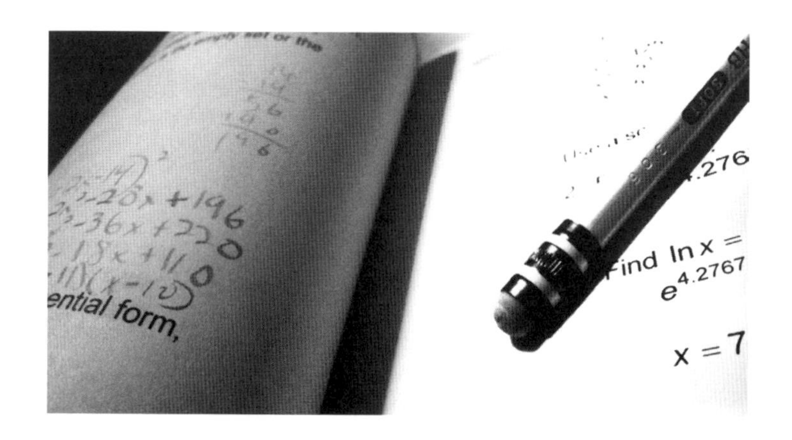

천재는 예술과 자연을 세분해 그 존재 이유를 파악한다

자부심이 생기는 이유는 분명하다. 천재는 무언가를 처음 보는 순간부터 천재로 간주된다. 창의적인 시각으로 단순한 모양과 색상을 넘어 더 깊은 디자인까지 바라보는 이들은 곧 실물에 대해 덜 생각하기 시작한다. 위대한 통찰의 순간에 그는 예술과 자연을 세분해 그 존재 이유를 이해한다. 따라서 실제 창작물은 그에게 불완전하고 덜 중요해 보인다. 그는 조각가도 완벽하게 만들 수 없는 아름다움을 상상한다. 회화, 조각상, 사원, 철도, 증기기관 같은 것들은 모두 최종 버전에서 나타나는 오류나 문제없이, 제작되기 전에 예술가의 머릿속에 완벽한 아이디어로 존재한다.

이는 교회, 정부, 대학, 법원, 사회단체, 기타 모든 조직에서도 마찬가지이다. 자신의 아이디어에 대한 비전과 희망을 기억하는 사람들이 아이디어가 현실보다 낫다고 자신 있게 주장하는 것은 놀라운 일이 아니다. 행복한 영혼이 모든 창의적 기술을 보유할 수 있다는 것을 알게 되면, 그들은 왜 이런 아이디어를 현실화하는 고생을 해야 하는지 의문을 품으면서, 이러한 위대한 가치를 현실화하는 척하는 몽상가처럼 행동하고 말한다. -〈위인(Representative Men)〉

예술가는 자신과 자신 속의 무한함을 표현하는 것 외에는 아무것도 표현할 것이 없다. –앙리 프레데릭 아미엘(스위스 시인, 철학자)

단어는 사물뿐만 아니라 생각이나 느낌을 표현하는 방식이다

우리가 추상적인 개념에 사용하는 많은 단어는 더 구체적인 의미에서 시작되었다. 예를 들어, '정신(spirit)'은 원래 '바람(wind)'을, '위반(transgression)'은 '선을 넘음'을, '거만함(supercilious)'은 '눈썹을 치켜들다'를 의미했다. 마찬가지로 우리는 감정을 이야기할 때 '가슴'이라는 단어를 사용하고, 생각을 이야기할 때 '머리'라는 단어를 사용한다. 이러한 단어들은 설명하기 어려운 것들을 설명하기 위해 물리적 세계에서 빌린 것들이다. 우리는 아주 먼 옛날에 언어가 어떻게 변화했는지 정확히 알 수는 없지만, 오늘날 아이들에게서 비슷한 일이 일어나는 것을 볼 수 있다. 어린아이들(그리고 어쩌면 언어에 익숙하지 않은 사람들)은 장난감이나 동물 같은 사물에 대한 단어만 사용하는 경향이 있지만, 그들이 생각하거나 느끼는 것을 의미하는 방식으로 사용할 수도 있는 것이다. –〈자연(Nature)〉

내 언어의 한계는 내 세상의 한계를 의미한다. –루트비히 비트겐슈타인(오스트리아 태생 영국 철학자)

위대한 리더를 만든 것은 사회이다

'우리'라는 틀 안에서는 개인을 우선시하지 않고, 전체에 기여할 때만 진정으로 위대한 사람이 될 수 있다. 천재가 되는 것을 선택할 수는 없다. 위대한 사람은 어느 화창한 날 아침에 일어나서 "나는 오늘 활력이 넘치니 바다로 가서 남극 대륙을 찾으리라. 오늘 나는 원을 정사각형으로 만들고, 식물학을 연구해 새로운 식량을 찾을 것이고, 새로운 건설 공법을 고안해 내고, 새로운 기계의 힘을 예측하노라"라는 식으로 말하지 않는다. 그 대신 주변 사람들의 생각과 필요에 따라, 생각과 사건의 흐름에 따라 움직인

다. 그는 모든 사람이 같은 방향을 바라보며 그가 가야 할 길을 가리키는 곳에 서 있다. 교회는 그를 의식과 장엄함으로 키워 왔고, 그는 교회 음악에서 얻은 영감을 따르고, 교회의 노래와 예식이 표현하는 필요를 충족시키기 위해 성당을 짓는다. 그는 전쟁을 겪고 트럼펫 소리와 병영 생활에서 배운 것을 바탕으로 더 발전시켜 나간다. 석탄, 밀가루, 생선 등이 생산되는 곳에서 필요한 곳으로 운송하기 위해 사람들이 고군분투하는 모습을 보면서 철도를 건설할 아이디어를 떠올린다.

모든 위대한 리더는 자원이 준비되어 있음을 발견하고, 사람들을 이해하고 돌보며 자신이 다루는 일에 대한 열정과 재료에서 힘을 얻는다. 얼마나 강력한 경제인가! 그리고 인생의 짧음에 대한 얼마나 큰 보상인가! 모든 것이 그의 손에 달려 있다. 세상은 그를 지금까지 그의 길로 이끌어 주었다. 그 이전의 사람들은 산을 평평하게 하고, 계곡을 메우고, 강 위에 다리를 놓았다. 인간, 국가, 시인, 장인, 여성 등 모두가 그를 위해 일했으니, 그는 그들의 노동으로 혜택을 받은 것이다. 만약 그가 일반적인 방향이나 사회의 감정과 역사와 일치하지 않는 다른 무언가를 선택한다면 처음부터 시작해야 할 것이고, 그의 모든 에너지는 준비하는 것만으로도 소진될 것이다. 진정으로 창의적인 힘은 완전히 독창적인 데서 오는 것이 아니라, 아이디어에 개방적이고, 세상이 당신을 인도하게 하며, 시대의 분위기가 당신의 생각에 자유롭게 흐르도록 하는 것에서 온다고 말할 수 있다. –〈시인(The Poet)〉

모든 위대한 발견은 오랫동안 알려진 것을 완성한 것에 불과하다.
–제임스 클러크 맥스웰(영국 이론 물리학자)

※ 이 책에 사용된 이미지는 저작권자 혹은 게시자의 허락을 필요로 하지 않는 것들로서 사진 공유 사이트 flickr에서 다운을 받은 것들입니다. 각 이미지의 저작권자 혹은 게시자는 다음과 같습니다.

p11 : Deborah Austin
p15 : Irene Grassi
p17 : Frank Olivier Schwellinger
p29 : iezalel williams
p32 : Ken Lund
p35 : Mark Theriot
p40 : HelveticaFanatic
p42 : State Library of South Wales
p47 : Community Archives
p49 : Bill Selak
p53 : Alan Levine
p59 : A Guy Named Nyal
p63 : Pabak Sarkar
p67 : Luis Marina
p70 : Beth
p74 : SoulRiser
p79 : Giulian Frisoni
p83 : Alexandre Dulaunoy
p86 : Flemming Munch
p91 : Flemming Munch
p98 : Laurel F
p103 : I Am birdsaspoetry.com
p106 : Tiffa Day
p111 : Jakob Lawitzki
p114 : mini malist
p117 : TimOve
p120 : ThomasLife
p125 : State Library of South Wales
p131 : State Library of South Wales
p136 : therealbrute
p140 : Dave Paton
p145 : Laurent DELLEUR
p149 : RebeccaVC1
p152 : State Library of South Wales
p159 : Bryan Hayes
p165 : State Library of South Wales
p173 : Marcus Balcher
p176 : Greg Parish
p181 : Jeramey Jannene
p184 : Anthony Greene
p190 : Kavya Bhat
p195 : Matt
p199 : State Library of South Wales
p203 : TikTak Images
p205 : State Library of South Wales
p209 : State Library of South Wales
p214 : Andrew

니체가 바라본 세상

– 극한 상황을 이겨내고 진리를 깨닫게 하는 니체의 아포리즘

프리드리히 빌헬름 니체 지음 | 석필 편역 | 국판 | 304쪽 | 2도 인쇄 | 값 18,000원

어렵고 힘들 때 희망과 용기를 주는
니체의 아포리즘 800개!

– 평생 곁에 두고 읽어야 할 니체의 생애와 인생 명언 총정리!

Nietzsche

《니체가 바라본 세상》은

위대한 철학자 프리드리히 빌헬름 니체의 일생을 살펴보고,
니체가 세상에 말하고자 한 소중한 명언들(812개)을 알아본다.
크게 2부(제1부. 니체의 생애와 작품 세계, 제2부. 니체의 아포리즘)로 나누고
2부 아포리즘은 다시 10개의 장으로 나눠 편집했다.
각 장마다 편역자의 말을 수록해서 해당 장의 기획의도를
엿볼 수 있게 했다. 따라서 이 책은 순서대로 읽지 않아도 된다.
독자가 보고 싶은 분야를 찾아서 읽을 수 있도록 편집했으며,
해당 명언의 출전도 밝혀서 이해를 돕고 있다.

버락 오바마 전 미국 대통령의 애독서

《자기신뢰》

"에머슨의 글들은 우리의 고결한 본성뿐만 아니라
저급한 본성에도 호소한다.
어떻게 살아야 하는지에 관한 답을 알고 있어서가 아니다.
우리의 실제 모습을 그대로 반영하고 있기 때문에
그의 글은 많은 시간이 지난 지금도 감동을 준다."

– 〈뉴욕타임스〉

단순한 자기계발서 아닌,
삶에 대한 열정과 깊이 있는 통찰서인 《자기신뢰》와
짝을 이룬 인생을 바람직한 길로 인도하는

《에머슨 명언 500》

에머슨이 바라본 세상

– 오늘을 살아가는 이들에게 가장 도움이 될 에머슨의 아포리즘

지은이 | 랠프 왈도 에머슨
편역자 | 석필
펴낸이 | 황인원
펴낸곳 | 도서출판 창해

신고번호 | 제2019-000317호

초판 1쇄 인쇄 | 2024년 09월 12일
초판 1쇄 발행 | 2024년 09월 19일

우편번호 | 04037
주소 | 서울특별시 마포구 양화로 59, 601호(서교동)
전화 | (02)322-3333(代)
팩스 | (02)333-5678
E-mail | dachawon@daum.net

ISBN 979-11-7174-008-6 (03300)

값 · 17,000원